5-25

D 5)

COLLECTION FOLIO

Jean Vautrin

Billy-ze-Kick

Gallimard

© Éditions Gallimard, 1974.

« ... La vérité, c'est que j'écris plutôt par colère sèche. Rage. Besoin. Vitalité. Survie. Pour me retrouver, voyez. Parce que je m'étais perdu. Dissous. Haï. Pour cause de premier métier raté... » (Jean Vautrin, *Le Matin* 24. 7. 81.)

Ce premier métier que Vautrin estime raté, est celui de cinéaste qu'il exerce de nombreuses années avant d'écrire. Jean Vautrin est en effet le pseudonyme de Jean Herman, né le 17 mai 1933 à Pagny-sur-Moselle. Après des études secondaires à Auxerre et un début de licence de Lettres, il entre à l'IDHEC. Sorti en 1955, il devient lecteur de littérature française à l'Université de Bombay d'où il adresse des articles aux revues « Cahiers du Cinéma » et « Cinéma 56 ». Il dessine dans les journaux indiens et tourne deux films : « Chowpatty » et « Sirsod, village indien ». Assistant de Roberto Rossellini pour « India », il tourne dix courts métrages pour la télévision « J'ai fait un beau voyage ». En 1958, il est assistant à la télévision et travaille aussi avec Vincente Minelli et Jacques Rivette (« Paris nous appartient »). Affecté au service cinématographique des Armées, il tourne cinq court métrages. Puis il est assistant de Jean Cayrol et Claude Durand, et travaille à des publicitaires. Il réalise ensuite « Les Fusils » (1961), « Actua-Tilt », Grand Prix du Festival de Tours, « Bon pour la vie civile » (1963), interdit par la censure (mutilé, le film sortira sous le titre « Les chemins de la mauvaise route »). Sa rencontre avec Raymond Queneau date de 1965. Il adapte et réalise « Le Dimanche de la Vie » (Prix Marylin Monroe). Suivent « Adieu l'Ami » (1967) et « Jeff » (1968) avec Alain Delon et Charles Bronson. « Popsy-Pop » (1970) et « L'Œuf », d'après Félicien Marceau (1971). Il est aussi l'auteur de feuilletons TV : « Les Peupliers de la Prétentaine » ou de téléfilms : « Les Bourbons d'Espagne », « Monsieur Lecoq », d'après Gaboriau, « Rendez-vous dans les ténèbres », d'après Peter Cheney, etc.

A partir de 1975, en tant que scénariste dialoguiste, il écrit pour la télévision (« La Pêche Miraculeuse », « Banlieue Sud-Est », d'après René Fallet, « Les Insulaires », « Jean sans Terre », d'après Jacques Perret, « Le locataire d'en haut », d'après William Irish) ou pour le cinéma. Citons entre autres : « L'incorrigible », « Le grand Escogriffe », « Flic ou Voyou », « Garde à Vue » (César 1981 du meilleur scénario), « Le Marginal », « Rue Barbare » et « Urgence ».

En 1973, « A Bulletins Rouges » paraît à la Série Noire. Ce premier livre met en scène une bande de marginaux, les Beuark, qui essayent de vivre avec leur propre morale dans une société qui les rejette. Ils sont ici aux prises avec des groupes politiques durant une campagne électorale et tout se termine tragiquement. L'année suivante, « Billy-ze-Kick » va encore plus loin dans cette peinture. Si le personnage principal est Julie-Berthe, une sacrée gamine proche par son parler de la Zazie de Raymond Queneau, tout autour d'elle gravitent des personnages de cette banlieue parisienne, qui vivent comme ils peuvent leurs problèmes les plus quotidiens. Prélude aux livres suivants : « Mister Love » (Denoël 1977), « Bloody-Mary » (Mazarine 1979) Prix mystère de la Critique et Prix Fiction 79, et « Groom » (Mazarine 1980). Plantant son décor dans ces cités inhumaines, Vautrin y anime un tas d'individus juchés en équilibre instable sur le toit d'une vie insécure : il aborde les grandes questions de notre temps — la violence, le racisme, la jeunesse.

« Typhon Gazoline » (Engrenage 7/1979) écrit en vue d'une adaptation ciné, se déroule à la campagne. L'humour y est présent à toutes les pages pour raconter une arnaque portant sur les terrains dont le sous-sol renferme soi-disant du pétrole. En 1980 paraît « Canicule » (Mazarine), porté à l'écran par Yves Boisset avec Lee Marvin. Puis, Vautrin, après une incursion dans la Bande Dessinée (« Bloody-Mary »), se tourne vers la nouvelle. Il publie, toujours chez Mazarine, « Patchwork » (Prix des 2 Magots 1983) et « Baby-Boom » (1985).

Fils de l'audiovisuel (dont il applique toutes les techniques : montage, rythme, comportementalisme), Vautrin occupe une place à part dans la géographie des Lettres françaises. Sa façon explosive de manipuler la langue, sa volonté impertinente de s'inscrire en faux contre « la littérature en col blanc » et « les derniers carcans-glu du XIXe siècle dont il faudra bien sortir », ne l'empêchent pas de situer son aventure sur un terrain rigoureusement littéraire.

De son œuvre actuelle, et qui n'en doutons pas, va se poursuivre, Vautrin dit : « ... ce qui m'intéresse, c'est le regard sur les hommes, sur une certaine actualité, voire sur une certaine prospective, et je pense que le roman noir en est le parfait vecteur... » (Polar n° 5, 1979).

Cette profession de foi se retrouve effectivement dans tous ses livres, écrits, il faut le souligner, de façon délicate, parfaitement travaillée et dont l'originalité est un plaisir à elle seule. Chez Vautrin, les héros, ce sont ces petites gens qu'il regarde vivre, avec leurs contradictions, leurs complexités dans une société qui les secrète à plaisir.

Comme les grands romanciers américains, il est à sa façon un témoin de la réalité sociale de son temps.

*Pour Mélanie, petite fille,
avec amour et abjection.*

PROLOGUE

Il s'appelait Hippo — pour Hippolyte.
Il était schizo — pour schizophrène. Il avait vingt-sept ans. Peut-être trente. Difficile à dire, à évaluer. A cause d'un drôle de visage fait tout en cubes. Une organisation géométrique où deux yeux très rapprochés convergeaient vers un nez à n'en plus finir. Long, long. Et vachement pointu.
Tantôt, il prenait l'air mort, tantôt, il s'animait. Il faisait alors des gestes brusques, amplifiés par les volutes de ses mains aux doigts allongés. Il portait des lunettes : des lunettes qui glissaient doucement, en plusieurs fois, sur son pentu tarin.
Hippo avait toujours dévoré des livres. Avec extase, avec emportement. Il avait passé des tas d'examens. En Histoire de l'Art, en Anglais aussi. Il était musicien de naissance. Excessivement doué, surtout pour le violoncelle.
Il avait enseigné les Lettres dans une boîte libre. Six mois. Pas davantage et jamais plus. C'est d'ailleurs la seule fois qu'il avait gagné sa vie. Il faut dire que cela s'était mal terminé.
Il avait été rapidement victime de ses fantasmes. Toujours à cause de cette curieuse faculté, de ce don qu'il avait de les faire partager aux autres. Aux enfants surtout.

Il semblait branché sur la même longueur d'ondes qu'eux. Principalement les plus jeunes. Ceux qui ne sont pas encore trahis par l'âge de raison et les conseils des adultes.

A l'époque où il avait été professeur, il avait formé une bande. Recrutée en 6ᵉ A. Latin-Grec, si l'on voit. Ces petits-là étaient devenus avec excellence de véritables mercenaires tout à fait à la solde de ses hallucinations. C'est ainsi qu'ils avaient arraché tous les ornements en plastique qui fleurissaient la chapelle, pissé dans les bénitiers et tué presque toutes les vaches qui fournissaient le lait à la communauté. Sur son ordre, par son pouvoir.

On l'avait renvoyé. Sa mère s'était tordu les bras de douleur. Après, il avait repris sa vie au cœur de la H.L.M., 5ᵉ droite en sortant de l'ascenseur.

Il lui arrivait de ne rien faire pendant des heures. De ne pas bouger. Ou alors à peine. Il s'enlisait dans un monde étrange aux contours biscornus, rêvant, rêvant à n'en plus finir. A en bâiller. A en dormir debout.

Parfois, il se levait brusquement, marchait jusqu'à l'ascenseur et s'y enfermait.

Et puis surtout, surtout, il y avait eu l'histoire Karapian. La semaine dernière, pas plus tard que la semaine dernière. Il avait bien failli étrangler la chanteuse d'Opéra. Pour de bon. Avec douceur. Avec un certain acharnement.

C'est ce qui explique que sa mère — en se tordant les bras — l'avait conduit ce matin-là pour se faire examiner.

Les psychiatres avaient été formels. Le plus inquiétant parmi ceux qui l'avaient interrogé avait dit textuellement à sa mère :

— Madame, une telle hyperformalisation de la

pensée de votre fils, avec un excès de jeux de mots, de coq-à-l'âne, de néologismes et de paralogismes, fait inéluctablement penser aux processus mentaux des schizophrènes.

— Mon Dieu ! Qu'est-ce qu'on peut faire ? avait demandé sa mère.

Pour une fois, elle était pleine de bon sens. Mais Dieu étant un obstacle à la bonne marche de la science, le médecin l'avait écarté d'un geste vague vers le ciel. Il avait pris l'air d'un Sphinx, l'air d'en avoir deux. Il s'était gratté le nombril sous son bureau. Après quoi, il avait parlé de détruire le « MOI » du jeune homme à la triste figure — dernier « avatar de l'âme ».

Ce en quoi, il se mettait le doigt dans l'œil en croyant le mettre ailleurs, obstiné qu'il était à vouloir à toute force réduire son malade à l'état de machine désirante.

Hippo n'éprouvait aucun désir pour sa maman.

Elle, la pauvre femme, n'y comprenait plus goutte. Hippo le voyait bien. Il en était consterné.

Tout de même, qu'on parle de lui avec sérieux, l'intéressait véritablement. Les hommes de l'Art psychiatrique peignaient ses syndromes avec un talent fou. Le fait qu'il marche chaque jour deux heures consécutives en n'inspirant que tous les vingt pas leur parut du plus grand chic.

Quand il leur parla des Arbres, ils partagèrent son opinion. Il leur dit qu'il aimait seulement ceux dont les ramures sont gigantesques. Ceux qui ont la tête à quarante mètres de haut. Les orgueilleux. Ceux qui ont l'air de faire des gestes de désespoir. Les chênes d'Amérique, les baobabs, les cèdres du Liban. Les arbres, en somme, qui s'éloignent du monde et profitent de leur recul pour mieux le dominer.

A toutes ces théories, ils dodelinèrent du chef et dirent que oui, oui, oui.

Lorsque enfin, il leur assura que son plus cher désir était d'apprendre à voler, ils parurent désappointés. Sans doute à l'idée de le perdre pour de bon. Ils lui demandèrent comment il s'y prendrait pour écarter les barreaux de sa cage et déployer ses ailes. Il refusa de leur répondre. Il se tut. Longtemps.

L'un des médecins prit une expression empreinte d'une immense douceur — teintée de gravité, de réflexion :

— Hippolyte, vous devez comprendre. Tout cela n'est qu'un rêve. Une fuite devant le réel.

— Oui, répondit-il. Mais je me suis toujours raconté des histoires. Enfant, cela me distrayait.

Sa mère intervint. Toujours mal à propos, pensa-t-il.

— Mon petit, c'est comme l'ascenseur ! Raconte à ces messieurs. Raconte l'ascenseur.

— Non, dit-il. Et il se replia sur lui-même. Non. L'ascenseur, c'est juste une consolation. Les femmes m'empêchent de m'envoler. Juste les femmes.

La voix d'un toubib les tira du silence capitonné :

— A vrai dire, la schizophrénie que nous connaissons, sur laquelle nous avons travaillé et publié des études, est reconnue par la plupart des scientifiques comme une maladie endogène. Son déterminisme est sans doute biochimique. Il a vraisemblablement une origine génétique.

Qu'il a dit.

Afin de contrôler l'effet produit par ses paroles, il ajouta en toute simplicité :

— Qui se soucie encore d'associer la schizophrénie à l'œdipe ?

Il bougea un presse-papiers en forme de pyramide.

Hippo dit d'une voix calme :
— Je déteste ma mère.
Le mot était lâché.

Sa Mamzou se mit à se tordre les bras de douleur. C'est un geste qu'elle faisait volontiers, sa mère. Elle se nouait. C'est seulement le soir qu'elle dévidait le ressort tendu de ses mains — hélices de sa grande peur.

Là, les médecins prirent leur pied. Sans pudeur. Comme si Hippo et sa mère n'avaient pas existé. Ils parlaient de l'œdipe comme d'un bon voisin. Comme on dit : la Marie ou le Joseph. Eux, c'était l'œdipe. La bonne femme n'était plus dans la course. Le long jeune homme non plus.

Ils en arrivèrent à la conclusion que l'œdipe était un drame bourgeois : « Une création de petits-bourgeois viennois. »

Ils se disputèrent longuement, comme des pâtissiers au-dessus d'un mille-feuille.

Le jour, en tombant derrière les buildinges, avait dressé de grands paravents d'ombre dans la pièce où ils se tenaient. Les voix s'y cherchaient comme au creux d'une forêt vosgienne. Ils avaient l'apparence de voyageurs égarés qui discutaient de l'opportunité de s'endormir sur place ou d'y attendre le soleil rouge.

Hippo en eut plein le dos et se mit à bâiller.
Là-dessus, les médecins décidèrent de le garder

en observation. Ils renvoyèrent sa maman avec des « chère madame ».

Pendant vingt-quatre heures, Hippo les supporta.

Il ne savait plus à quel mythe se vouer. Heureusement qu'il lui restait l'imagination.

Tout de même, le surlendemain, qui était un jeudi, il eut furieusement envie de revoir Julie-Berthe et il sauta par la fenêtre de la clinique.

1

A Cahors, le Capitole s'arrêtait à peine.

Bellanger avait toujours été maladroit. Cette fois-ci, il ne sut jamais comment il s'y était pris, mais sa canne à lancer léger — en bambou refendu et signée Perrault — se coinça en travers de la porte du compartiment. Au même moment, le préposé deux étoiles de la SE NE CE FE crachouilla :

— Cahor-sse, une minute d'arrêt ! et d'autres borborygmes inintelligibles qui inondèrent le quai au travers de hauts, très haut-parleurs.

Comme il était émotif, comme il sentait les gens pressés dans son dos, Bellanger s'énerva et le sien se cassa. Net. Au ras de la poignée de liège. Un malheur irréparable en quelque sorte.

Il se retrouva sur le quai numéro 3 en train de pleurer sur son bambou, embarrassé par ses valises, un sac d'accessoires pour la pêche et une paire de bottes cuissardes.

La chose lui aurait paru cocasse si elle était arrivée à quelqu'un d'autre. Pour ce qui le concernait, il n'avait aucun sens de l'humour. Il n'aimait pas qu'on se moquât de lui. Il ne le supportait pas. Ça le vexait, ça le mettait hors de lui-même.

C'était sans doute parce qu'il avait une drôle de bouille. Mais, principalement, c'était parce qu'il était terriblement myope. Quand il était gosse, on avait longtemps cru qu'il était nul en gymnastique. Il n'excellait qu'à la corde lisse. Parce qu'on a l'œil sur le motif, présumait-il. Jusqu'à ce qu'on lui ait acheté des lunettes. Aussitôt, il avait couru vite et il s'était mis à faire des progrès — surtout en Histoire de France.

— Tu seras professeur, disait son père, un vieux socialiste.

Et il était devenu fonctionnaire.

Mais dans une autre branche. Complètement différente. Pour s'affirmer, sans doute. Parce que ses camarades de collège, ses condisciples de Faculté se foutaient de lui. Parce qu'aucune jeune femme ne le regardait sans friser un sourire au fond de l'œil. Parce qu'il sentait qu'il avait l'air nouille. Parce qu'il s'habillait avec des serges grises assorties à des pochettes patte-mouilles.

Il avait, il avait toujours, des cheveux incontrôlables, la démarche raide et les poches déformées par d'innombrables objets. Il avançait en balançant le bras droit en même temps que la jambe droite. Ce qui avait toujours eu pour effet de faire rire autour de lui.

— Alors, Bellanger ? On marche à l'amble ? l'insultait l'adjupète sec.

Non, sans rire, l'armée, pour marcher au pas, ce fut un gros problème.

Toutes ces embûches n'avaient pas empêché Charles Bellanger de coudre à quarante-deux ans le ruban de chevalier de la Légion d'Honneur au revers de sa veste bodygraph. C'était il y a deux ans. Ce jour-là, il avait acheté des chaussures neuves, l'édition complète des œuvres de Marcel Proust et un moulinet Mitchell. Il avait aussi changé la monture en écaille de ses lunettes pour une armature distinguée en métal brillant.

C'était juillet dans le Lot. Il avait pris ses vacances comme tout le monde. Avant que refleurissent les calicots. On disait que la rentrée serait chaude, chaude, chaude. Les étudiants s'agitaient. Les O.S. dételaient. Il allait falloir faire quelque chose.

Pourquoi le Lot ? Parce que si son père était un Bellanger de Basse-Bourgogne, sa mère était une Castagné de Saint-Félix. Commune de Valprionde. District de Montcuq.

Et qu'on ne plaisante pas avec le nom de cette bourgade. Les demoiselles des postes sont très pointilleuses à ce sujet. C'est normal. Il suffit d'imaginer le mal qu'elles ont à dire :

— Allô Cahors ? Passe-moi Montcuq... (on se tutoie dans les téléphones)... quoi ? Montcuq est occupé ? Tu es sûre Cahors ? alors, rappelez, monsieur. Il y a embouteillage sur Montcuq.

D'ailleurs, on prononce Mont comme de Vénus et Cuque. Avec un E muet. Localement, personne ne rit plus. Il y a tout juste une série de cartes postales irrévérencieuses affichées au café-tabac et dont Bellanger faisait collection depuis une vingtaine d'années.

Il rassembla ses affaires et marcha vers la sortie.

Sur la place de la gare, la lumière éclatait et

faisait blanchir les platanes. Il posa ses bagages. Il retira ses lunettes. Il restait des taches impressionnistes. Une flaque bleue pour le ciel, des bulles gaies tout autour et l'accent des gens qui se hélaient en occitan. Il essuya ses verres — un tic dont il n'était jamais parvenu à se défaire.

— Mes respects, monsieur le commissaire...

Il se cambra aussitôt. Il prit l'air de Celui des Villes. Il chaussa ses lunettes. C'était Firmin Marcenac qui était venu le chercher.

Le béret à la main, la tête de Dufhilo posée sur une chemise à raies, la courtoisie des gens pauvres appuyant sur le corps, l'homme se tenait légèrement en retrait, enfermé dans une veste de chasse. Avant, il avait été paysan. C'est seulement après la guerre qu'il avait fait la plume, la peau, la vieille guimbarde et la ferraille.

Maintenant, avec tous ces gens de Paris, tous ces Angliches qui achetaient le Quercy et le néocolonisaient, il en était à la pendule, au marmitou de cuivre, à l'homme debout, au lit-bateau et à la commode Louis-Philipparde.

Firmin avait toujours eu des voitures dignes d'intérêt. Des ruines à l'image d'un Pays Perdu. Bellanger lui avait connu des Rosalies à gazogène, une Bugatti à sangles, une Panhar – Levassor avec vitres d'angles et accoudoirs à glands, une Hotchkiss aux manettes sublimes incorporées sous le volant, une amphibie de l'armée en déroute et un autocar qui portait encore des banderoles exotiques comme des colonies perdues : Espalion, Saint-Affrique, Villefranche de Panna.

Souliers cloutés dérapant sur un accélérateur

champignon et pédales sans garnitures, Firmin les voyagea en cahotant vers les cimes du plateau. Tous deux semblaient faire les signes de la brasse au fond de la vieille 201 décapotable. Par la gueule du spider, les cannes à pêche montraient les nuages, changeant de nimbus selon les virages.

— Maintenant, ces « antiques » valent une fortune ! fit remarquer finement l'homme du désert.

La vallée devint souvenir. En route pour le pays de la fierté : le Causse.

La terre se mit à rougir, les arbres à se tordre, les pierres à se trouer. Les genévriers, en rangs serrés, tressaient des couloirs pour les grives. Au fond des vallées, des bastides orgueilleuses de leurs pigeonniers — à la fois rustiques et nobliaudes — prenaient des reflets de lumière. Dans les cours, des cyprès se dressaient, gardiens-sabres où rouspétaient les merles. Sur le versant des collines pierreuses, verdies par les lichens, les chênes truffiers, les érables alternaient avec les buis et des pelades tracées par le soc des charrues. Un pan de seigle, cinq rangées de vigne — mal plantées comme les dents des vieillards — et cinquante moutons aux oreilles noires se relayaient au hasard des lacets de la route. Sur un bout de ligne droite, un grand champ de blé d'où s'envolaient des palombes. Elles tournaient solidaires au-dessus d'une combe, faisaient une incursion en altitude et plongeaient sans prévenir en direction d'une zone sombre où l'œil accommodait mal.

Il faisait chaud. Bellanger transpirait sous son veston. Il avait mal aux reins.

— Il était temps que je parte, pensa-t-il. Temps que je quitte les achélèmes.

La ville-cage reculait dans sa mémoire. Il se sentait au bord de la dépression. En pensant à Chapeau, son adjoint, il lui restait un rien de mauvaise conscience. Il lui avait tout laissé sur le dos. Il se dit que pourvu que rien n'arrive pendant son absence. Vraiment, vraiment, ce type-là n'avait pas inventé l'eau chaude.

Sa fatigue devint transparente. Elle se transforma en une vague tristesse qui n'avait plus cours ici. Plus aucun sens.

— Vous allez vous reposer. Ce soir, vous viendrez bien tremper la soupe, dit Marcenac.

— Je ne voudrais pas déranger.

— Pensez bien ! C'est grand-chose ! La table est toujours mise.

Un oiseau de proie tournait au-dessus de l'église de Saint-Félix. Une crécerelle, reconnut Bellanger. Un aigle, comme on aurait dit ici. La guimbarde tourna en grinçant, signe que la carrosserie allait continuer tout droit et ne pas suivre le châssis. Une vieille en noir, chapeau de paille tressée, se dressa dans un carré de citrouilles. Une descente bordée de noyers, et le commissaire aperçut sa maison.

Home, sweet home, comme aurait dit Shakespeare. Il avait lui aussi un cyprès, un merle, un four à pain et, dans le pigeonnier, une Dame Blanche, rapace nocturne qui, mieux qu'un chat, attrape les souris. Bellanger sentit l'accent lui remonter à la gorge. Il se mangerait du confit d'oie avant qu'il soit longtemps. Il se brouillerait des œufs tout noircis de truffes et il se piquerait la ruche avec un rien de clos de gamot — le meilleur des vins de Cahors.

Il se dit aussi qu'en avant les vacances. Qu'il était jeune qu'il était beau. Qu'à bas les flics, les achélèmes, les embouteillages, les frics, les fracs et les routines policières.

Il retira ses lunettes.

Il prit son élan, grimpant quatre à quatre les marches de sa bastide. Il se sentait poétique. Oui, il se sentait ainsi. Ou presque.

A ce moment-là, badaboum, à l'image de sa vie, il se cassa la gueule en hurlant de douleur.

Le lézard vert qui gardait la porte ensoleillée fit trois pas rapides devant lui et s'arrêta. Voilà trois ans qu'il se tenait à cet endroit. Dans la tête de Bellanger, il se fit jour une certitude qui l'assomma de stupeur : les sauriens aussi savent éclater de rire.

Le commissaire se releva, se frotta les mains, tâta sa cheville et s'écria :

— J'aurai ta peau, Léon !

Mais le lézard n'était plus là. Il avait d'autres lombrics à fouetter.

2

Z'ai sept ans.

Ze m'appelle Zulie-Berthe. Zi mazuscule. IE à la fin, Berthe comme ma grand-mère d'Angoulême. Et quelque chose après. Mon nom de famille : Chapeau. Voui, c'est bien ça : Chapeau. Un nom ridicule et que z'essaie d'oublier. Ze préfère vous dire tout de suite que d'accord, z'ai les pieds longs pour mon n'âze, ze sausse du 34. Ça vous zévitera de me faire des réflessions désagréables.

Ze suis rousse et ze zozote.

C'est les dents zécartées qui font ça. Mais ze sais lire. *Un Bon Petit Diable*, c'est pas mal. Surtout les zhistoires de fessées. Et *Hit-Parade* aussi. (Principalement la couverture en couleurs et le Poster zéant.)

Papa, il est flic.

C'est l'adzoint de M. Bellanzer, mon parrain. Papa dit que si ze développe mon intelligence, zirai loin. A condition que les cochons me bouffent pas. Qui mettent pas leurs sales pattes sur mon darrière. C'est comme ça qu'il l'appelle mon popotin, M. Chapeau, mon papa. L'est bel homme pour son n'âze. Dézà trente-huit. Ça fait du bruit. Un p'tit peu p'tit, c'est bien vrai. Mais y se redresse. Une belle moustasse. Et des zépis dans les ceveux. Ah, z'oubliais ! Il a un zizi solide comme un bâton. Une verze en or dit ma maman. Elle est bien placée pour n'en parler. Pendant le wéquande, qu'est-ce qu'elle fait comme lit.

Rousse et zolie, maman — avec des zupes à la mode tout plein. Souvent, ze vais la voir quand elle prend son bain de mousse. Bodedas, elle emploie. La peau douce à gogo. Bronzada, ma maman. Dans zune baignoire transparente. Elle glougloute dans l'eau bleue. Comme à la télé.

Ze frappe pas. Z' me frappe pas. Z'entre. Ze regarde et ze reste. Z'en perds pas une bulle. Des poitrines, elle en a. Zuste c' qui faut. Cœurs croisés, nous voilà. Sans compter sa zézette.

Ah, que ze l'aime, que ze l'aime la zézette à Zuzu ! (Elle s'appelle Zuliette.) Plus tard, Z'aurai la même. Avec des poils couleur de miel. Vrai, si les zabeilles y voyaient ça, finis les tilleuls, les pensées, les pivoines ! Ce serait haro sur ma Zuzu, ma Zuliette. Ce serait en avant pour la butine. Tellement c'est beau. Voui, qu'elle est chou, qu'elle est chou sa zézette et son tout. Tout, tout tout.

Ze suis zune petite fille heureuse.

Cazôlée comme un pou. Z'ai qu'un défaut : ze suis zobsédée. Zobsédée du Toboso. Ça, papa l'a dit. Il m'a assez disputée. Sur le moment, z'en ai pleuré. Mais, ze dois reconnaître, c'est vrai, il a raison cet homme.

C'est plus fort que moi, les zézettes, les zizis, faut qu' z' les zyeute. Faut qu' z' les voie. Ceux de la maison et même les zautres. Ceux des voisins, ceux des copains.

Hippo, c'est mon principal.

Mon ami. Mon fiancé, ze devrais dire. On s' comprend.

On passe des zheures à se parler. A faire des prozets. Les grandes personnes disent qu'Hippo est fou. N'empêsse que moi, il m'écoute. Il est doux. Il est tout doux. Ça finira par un mariaze. Ze suis la seule femme qu'il aime. Il m'attend passe que ze suis trop zeune pour dormir. Il me respecte.

Edouard, c'est pas pareil.

C'est un peu notre domestique. Notre messazer. Çui qui aide. Qui fait la navette. Il n'a que six ans. Il est rouquin. (Moi ze suis plutôt Vénissienne à ce qui paraît.) Il se ferait tuer pour Hippo. Tellement qu'il l'admire. Il est persuadé que c'est un chef. Un grand chef. Un type qui casse son zeu, quoi.

Quant à Alcide, mon troizième copain, c'est un très vieux bonhomme. Ze vais souvent le voir. Il est dans z'un drôle de cas. Un cas de force mazeure. Il habite un pavillon. Tout le monde y voudrait lui casser sa baraque. Pour construire une assélème à la place. Lui, y veut pas. Y croit à la terre. Alors, y s'accrosse et y reçoit les arssitectes et les zéomètres à coups de fusil. C'est comme qui dirait un Mohican. Le dernier des.

Pour en revenir aux zizis que ze zyeute, il y a des réactions diverses. Y en a qui aiment. Y en a qu'aiment pas. Alors, ze me casse. Z'espionne. Ma passion, l'espionnage. Les serrures, les rabibis, les cazibis, les rabicoins, c'est mes lieux. Mes casse-fille. Ze me planque et z'attends. Des zheures, ça dure. Mais les nanas, les nénés, les messieurs, les tétins, les tatas, les zoncles et les tantes faut qui z'y passent. Ze reluque et z'aime ça. Tra la la.

C'est comme ça que ze connais le zizi à Alcide, çui à Hippo et le petit à Edouard. Ed, d'ailleurs, il exazère. Il voudrait que z'y touche. Il est consentant. Mais ça ne m'intéresse pas. Because il a mon n'âze. Pas question. Papa voudrait pas. Quand papa veut pas, c'est sacré. Côté zézettes, ze visionne celle de Mme Achère, la concierge. Ze la connais par cœur. Mais c'est une infamie. Zamais vu une tristesse pareille. Maintenant z'évite. Trop moche, trop vieille, ma vieille.

Soudain, ze me rends compte, ze vois pas pourquoi ze vous fais le détail. Les zizis de l'immeuble, ze les connais tous.

Sauf une zézette.

Une. Une seule. Qui m'essappe. Que z'aimerais reluquer. Because elle m'intrigue : c'est celle de Mlle Peggy Spring.

Une nouvelle voisine, 1,75 m, des mollets bétons, un darrière extasiant et du maquilliaze superbe. Touzours l'œil fait. Rimmel et compagnie. Ah! z'aimerais, z'aimerais savoir. Ze suis prête à abandonner mes sucettes de la semaine zuste pour un coup d'œil, un p'tit coup d'œil.

Mais non, y a rien à faire. D'abord nos zheures ne collent pas. Moi d'habitude l'école (ze viens d'être en vacances), elle des zallées et des venues tardives. Mais, au fait, qu'est-ce qu'elle fait, mademoiselle, dans la vie ? Z'en sais rien. Faudra que z'enquête.

Encore un mot.

L'autre zour, ze me suis glissée chez zelle. Elle avait été retenue dans l'escalier par Vieille Achère, la pipelette. Quand elle s'est libérée de la crochue, z'étais cachée dans sa penderie. Z'entrebâille. Ze zyeute. Elle commence à se déshabiller. Ze biche. Et zut! Ze bouge. Elle se retourne. Elle me voit. Elle rouzit. Elle rebaisse sa robe vite, vite vite. Et après! Z'aime mieux pas le dire. C'est trop cuizant. Z'ai reçu des zifles, mais des zifles! A me décoller la tête, ze vous zure. Elle a une force!

Z'ai chialé longtemps et très très fort. Ça l'a émue cette vasse-là. Elle a eu honte. Elle s'est penssée sur moi. On a bu une menthe à l'eau. Elle m'a fait zurer de plus recommencer. Z'ai promis tout ce qu'elle voulait. On est convenues d'en parler à personne. Que c'était une histoire entre nous. Entre filles. Elle m'a donné du socolat, du cocholat, du chocolat Meunier. Et ze suis partie comme une petite fille bien saze. Depuis, on s'est revues souvent. On est devenues copines. Ze lui raconte tout. Elle m'écouterait des zheures. Principalement quand il s'agit de Billy-ze-Kick.

Et y f'rai çi et y f'rai ça et patati et palala.

Mais, à vous, ze le cache pas : la zézette de Mlle Spring, ze la verrai. Ze la verrai de toute façon. Parole de Zulie-Berthe.

3

Hippo fouilla dans la poche droite de son gilet de laine. Sa main, comme une louche, fit remonter une poignée d'objets orphelins. Il s'accroupit. Il disposa sa récolte devant lui. Il négligea les clés, les vis, la photographie de Marylin, le soldat de plomb, la ficelle, deux trombones et un crayon. Il se saisit de son canif : c'était un Gimel Au Violon. Une excellente marque en voie de disparition. Il l'entrouvrit d'une seule main — entre le pouce et l'index. Ensuite, il fit basculer la lame en la piquant sur sa hanche. Il se mit à tailler une allumette trouvée par terre.

Quand ce fut fait, il glissa le tout dans ses poches. Il se redressa. Il entreprit de se curer les ongles. Juste en face de l'ascenseur.

La lumière se décida à clignoter.

Mentalement, il compta jusqu'à cent quatre. Pile. Il entendit alors le bruit de la cabine, qui arrivait. Il sut ainsi que c'était sa propre mère qui descendait du cinquième étage.

A peine avait-elle fait glisser la porte, qu'elle se tordit les bras. Elle ressemblait à *La Femme qui pleure* de Picasso, mais elle n'en savait rien. Il eut l'impression de la dominer d'au moins trente bons centimètres.

Il remonta ses lunettes de l'index parce qu'elles glissaient sans cesse sur son nez.

— Pourquoi t'es-tu sauvé ? dit-elle.

En parlant, elle se déplaça, tournant autour de lui. Elle lui fichait le vertige.

— Ça ne me plaît pas là-bas. Personne ne mérite qu'on lui parle. D'ailleurs, l'infirmière de jour est idiote. Imagine, j'ai mis le sujet sur la Peinture : elle prend Félix Ziem pour une nouvelle marque de poudre à laver. Complètement tarée.

— Mais... je t'ai envoyé des livres. Tu les aimes tant. Tu aurais pu travailler. Pour toi. Tranquillement...

— La garde de nuit ronfle... Elle a la poitrine trop lourde. Qui bouge... je ne le supporte pas... Vraiment, je ne...

— Bon. Ne parlons plus de cela. Tu vas remonter avec moi. Il faut que je téléphone à la clinique.

— C'est inutile. Je n'y retournerai plus.

— Mais mon enfant...

— C'est ce sacré violoncelle que je suis revenu chercher.

— Tu n'avais qu'à me poster un mot... je l'aurais fait porter par Eugène. Samedi. Samedi au plus tard.

Elle s'arrêta de tourner autour de lui. Il avait vaguement envie de vomir. Ou alors c'est qu'il avait de l'air dans l'estomac. C'était nerveux, à ce qu'il paraît.

— Je ne désire pas monter à l'appartement.

— Tu devrais pourtant te reposer. Tu as une mine à faire peur. Tu resterais dans l'entrée... Sur le canapé si tu veux.

— Non. D'ailleurs, c'est l'éclairage qui donne cette impression. Je vais tout à fait bien.

— Hippo, si je remonte, tu resteras là ? Tu seras sage ? dis, tu seras sage ?

— Oui, oui. Je ne bougerai pas d'ici. Si tu ne me retrouves pas quand tu reviens, c'est que je suis dans l'ascenseur.

L'angoisse.

Jamais vu une angoisse comme celle de sa mère. Elle fit immédiatement un tour sur elle-même :

— Hippolyte, mon petit, tu ne vas pas recommencer ? Tu ne feras de mal à personne ? Nous n'allons pas avoir de nouveaux ennuis ?

Il fit signe que non, bien sûr. Elle prit place dans la cabine, à reculons. Elle se tordit les mains. Un pied aussi.

Elle se frotta machinalement la cheville. Elle fut gommée par la porte à glissière. La lumière clignota à nouveau. Elle s'arrêta de le faire au bout de cent trente-quatre. C'était plus long pour remonter.

A peine le câble venait-il de s'immobiliser que Mme Achère, la concierge, se pointa.

Son chapeau de paille fichait le camp vers l'avant. Par sympathie, le jeune homme remonta ses lunettes jusqu'au fond de son nez. Il tendit vaguement les bras vers le chapeau afin de le redresser. Un geste imaginaire. Mais il n'osa pas le prolonger jusqu'au bout.

Elle le regardait avec intensité.

C'était une incantation muette et impérative, renforcée par un léger signe du menton. Il s'exécuta aussitôt : il ouvrit la porte à Saleté d'Achère. Elle tenait une baguette de pain et une bouteille de lait stérilisé dans une main. Elle serrait l'anse de sa poubelle vide dans l'autre.

Elle entra dans la cabine en zigzaguant. Sans dire merci. Ni rien. Elle venait de le reconnaître. Elle n'avait plus qu'une envie : qu'il referme la porte. Au lieu de cela :

— Je vais vous accompagner, madame Achère... je vous aiderai. Avec tous ces paquets... ce chapeau qui fout le camp... d'ailleurs, je monte aussi.

Il pénétra dans la cabine à son tour. Elle recula immédiatement jusqu'au fond. Il s'avança vers elle. Elle eut un geste de défense. Son coude monta en protection de son visage. Il leva la main sur elle. Elle crut qu'elle allait mourir. Avant qu'elle ait pu crier, il avait rétabli l'horizontalité du chapeau de Jaune et Moche Achère. Il en profita pour lui sourire avec une expression enjouée et pour fignoler l'équilibre du galurin. Il le fit avec soin en tenant le bout de sa langue coincé entre ses dents. Il remonta ses lunettes sur son nez.

Elle ne dit rien jusqu'en haut.

Elle se tenait recroquevillée juste sous la plaque du constructeur de l'ascenseur. C'était marqué : Otis Pifre. C'est plein de couples célèbres et anonymes dans le bâtiment. Voilà ce que se disait Hippo.

Roux et Combaluzier, Jacob et Delafon, par exemple. Il essaya d'imaginer le drame que représenterait une rupture entre ces gens-là. Il composa mentalement un télégramme affolé. C'était du style :

OTIS, REVIENS ! JE PARDONNE TOUT.

SIGNE PIFRE.

Il sourit.

En même temps, il regardait Mme Achère. Elle barattait son lait tellement elle avait la sainte trouille. Il était urgent qu'on arrive. Il lui ouvrit la grille. Elle sembla aspirée par le palier.

Resté seul, Hippo referma la porte. Il attendit. Il attendit qu'on l'appelle. Il se livra au hasard. Il essuya ses mains qui étaient moites. Il compta jusqu'à sept. L'ascenseur bourdonna et se mit à descendre.

Il émit un rot large comme une pièce de cinq francs. Il se sentit soulagé. Il avait décidément avalé beaucoup d'air par nervosité.

Il se demanda si l'on était bien jeudi. Il n'en était pas si sûr. Il se persuada que la main qui avait appuyé sur le bouton appartiendrait à Marylin. Tout à fait son type. Le genre de femme avec qui il aurait aimé faire la Chose. Comme au cinoche, elle serait sur une bouche d'aération. Sa jupe blanche serait retroussée sur ses cuisses. Elle prendrait l'air myope. Il n'aimait que les myopes. Inconsciente des palpitations d'autrui, elle aurait une culotte orange. Elle aurait le derrière gai. Elle ferait :

— Helloooooooo...

Elle ondulerait savamment jusqu'au strapontin. Il perdrait la tête. Il tomberait en arrière, asphyxié par le fameux numéro 5 de chez qui vous savez.

Il ferma les yeux. Victime innocente, il s'offrit au délicieux supplice. Il entendit la porte s'ouvrir. Des pas légers tapotèrent. La grille se referma. L'ascenseur se mit à monter. Il souleva les paupières.

Il eut aussitôt une ratée au fond du cœur. Poum Chaf Haha au lieu de Poum chaf chaf, avec répercussion dans les veines du cou.

C'était Juliette Chapeau. La maman de Julie-Berthe. Hippo sentit l'eau monter par vagues au creux de ses mains. Elles devinrent marécages tout au long du voyage. Cette femme était vertigineuse. Elancée, sensuelle, la peau si pêche qu'on avait envie de la lécher. Le long garçon ne pouvait détacher son regard de l'opulente poitrine.

Hippo pensa que c'était avec cette femme-là, seulement avec elle, qu'il arriverait à se libérer de l'incurable timidité qui le conduisait à une agressivité maladive.

Elle leva sur lui son regard alors qu'il ne s'y attendait pas. Surpris en flagrant délit, il se réfugia dans le contraire de ce qu'il aurait voulu exprimer :

— Je ne vous permets pas de détailler mes pieds avec cette insistance, lui dit-il.

L'ascenseur s'arrêta illico.

Elle ne sortit pas tout de suite. Il le sentit bien, elle n'avait pas peur de lui. Elle tendit soudain la main et lui caressa la joue.

— Vous voudrez bien m'excuser, Hippolyte.

C'est ce qu'elle murmura avant de sortir de la cabine. Elle le laissa avec son parfum. Asphyxié d'émotion. On était au 8ᵉ étage. Hippo appuya sur le bouton. L'ascenseur s'échappa. Il prit de la vitesse et ne s'arrêta qu'au 11ᵉ.

Le long jeune homme déboucha sur le toit de l'immeuble aménagé en terrasse. Il contourna une cheminée.

On dominait la ville. C'était une forêt de béton. A l'horizon marchait une armée de pylônes. Porteurs de la machination humaine, ils encerclaient les achélèmes de leur haute tension. Hippolyte accommoda malgré lui sur l'enfilade des rues. Elles se coupaient à angle droit. Il y vit des tas de gens ordinaires traverser par paquets dans les clous. Ils suivaient, prisonniers, le rythme des feux de circulation. Des robots sans le savoir. Vert, l'espoir. Rouge, le sang. Il prit sa respiration.

Chargé d'agressivité contre la terre entière, il regarda vers l'église.

4

A la même heure, dans le Lot, sur la terrasse inondée de soleil, le commissaire Bellanger essuyait ses lunettes. Il les remit sur son nez et reprit avec lenteur ses mouvements de reptation.

Le lézard vert semblait coulé dans la pierre immobile. Bellanger gagna encore quelques mètres. Il s'arrêta. Il arma son Manhurin 7,65 et visa avec soin. Une abeille chahutée par le vent se posa en catastrophe sur la mire, juste comme il faisait feu. L'arme tonna.

Léon fit un saut prodigieux comme si la terre s'était creusée sous lui. Il disparut dans les youkas.

La détonation se répercuta de muret en muret et revint sous forme d'écho.

— Y a quelqu'un ?... Y a quelqu'un ?... Y a quelqu'un ?... hurla une voix angoissée.

Bellanger se souleva sur un coude.

— Ohé, la Maison ! demanda encore la voix inquiète.

— Ohé ! fit le commissaire.

C'était Gabrielle Montauzin, la femme qu'il aimait ! Honteux, il se releva tout à fait :

— J'aurai ta peau, Léon, murmura-t-il. Puis il rougit comme une jeune fille et s'élança vers sa Dulcinée.

5

En plein cœur de la Ville-achélème, une mariée sortait à petits pas glissés d'une église de béton. Elle était radieuse et serrait le bras de son récent mari.

Soudain, un coup de feu claqua, pas plus fort qu'un volet qui bat. Des pigeons s'envolèrent.

La mariée s'arrêta. Elle parut surprise par une fatigue accablante. Elle se raidit comme une poupée et sembla se casser par le milieu. Elle roula pendant trois marches et fit halte gracieusement. Une poussée du vent rabattait son voile, tramant ainsi son visage. Une tache rouge s'élargit sur sa poitrine. C'était du sang. Un sang rouge vif et plutôt aimable à regarder.

Voyant qu'elle était morte, le récent mari se mit à courir sans savoir exactement où il allait, comme un canard à qui on aurait brusquement coupé le cou. Tous les invités l'imitèrent par peur de mourir sous les balles. Il y eut des hurlements, plusieurs chutes sans gravité, un enfant qui cria maman et des tas de gerbes de glaïeuls qui s'éparpillèrent sur le sol. Au milieu de la jonchée blanche, la mariée resta seule.

Le tueur la regarda au travers de sa lunette télescopique. Il se dit que pour un jour de Noces, c'était d'une tristesse folle. D'un seul coup, il lui vint à l'esprit qu'il aurait aimé par-dessus tout s'étendre sur le cadavre de la jeune femme et posséder son corps. Il aurait voulu faire l'amour avec cette morte qui n'avait pas encore servi. Il eut la certitude qu'il se serait surpassé. Il se sentait puissant. Virilisé par son acte. Une onde chaude monta à son insu par le tuyau de son sexe. Et déborda. Il se secoua, tordu par un frisson.

Il redevint conscient en regardant son ombre recroquevillée sous lui. Il fallait qu'il quitte cette terrasse avant qu'on le repère. Qu'il fasse exactement ce qu'il avait prévu de faire. Rien d'autre. Qu'il ne perde pas la tête. Qu'il ne fasse pas appel à ses sentiments, à son émotivité, à l'improvisation. Pas seulement pour ne pas être pris, surtout pour pouvoir recommencer.

Tout le monde n'a-t-il pas droit au Plaisir ?

6

Il était flic et il s'appelait Clovis, Virgile, Désiré Chapeau. Clovis comme le franc, Virgile comme le poète, et Désiré par son père. Mais il avait changé pour Roger. C'était plus facile pour appeler.

— Bon sang de Bon Dieu de pourri de merdique de vacherie de saleté de mauvais sort ! s'interjecta Clovis et il ajouta pour lui-même :

— Ce n'est tout de même pas de chance d'avoir les traits réguliers et de mesurer seulement un mètre soixante-trois !

Il souffrait beaucoup de sa petite taille. De son manque de prestance. D'où la moustache qu'il portait, (on la porte par ailleurs beaucoup dans la police), d'où la grossièreté qu'il affichait dès qu'il se trouvait seul, ou dès qu'il était avec son personnel. Bref, dès qu'il n'était plus à la maison.

Il eut soudain un pincement de cœur en réalisant l'immensité de ses responsabilités. Bellanger parti, il se retrouvait à la tête d'une ville-dortoir. Une espèce d'univers cosmopolite. Une cité comme on n'en construirait plus. Ça, le Gouvernement l'avait annoncé. Because c'était un échec, les achélèmes. Ces messieurs avaient reconnu tardivement leur erreur. La vie y était trop grise. Paraît que c'était chacun pour soi, que les gens ne communiquaient pas assez. Un ghetto de cages à lapins, de plantes grasses, de bagnoles à crédit et de télés en location.

Chapeau sonna impérativement. Il se fit apporter son courrier par sa bordel de secrétaire. Olga, elle s'appelait. Il la traîna plus bas que terre. Il lui dit que sans aucun doute, elle était mal baisée. Il lui demanda pourquoi, Bon Dieu, elle restait plantée là. Pourquoi pas ailleurs ? Si elle était en train de chercher à pondre un œuf dans son putain de bureau — ou quoi ? Si c'était un endroit pour le faire ? Et, en y réfléchissant, sûrement pas.

Et se désintéressa complètement de sa présence à ses côtés. Elle partit à reculons. Elle se paya le luxe de claquer la porte. Une fois à l'abri des hargnes de son patron, elle lui tira la langue.

Clovis redevenu solitaire poussa un gros soupir. Il se mit le doigt dans le nez. Quel rhume ! Il s'en dit merde du coup.

Il ouvrit une saleté de magazine.

Il s'apprêtait à lire un article intitulé : « Eloignez les pigeons sans leur faire aucun mal », par D. double Vé Scottfield (ou quelque chose comme ça), quand, en arrivant en bas de la première colonne, il tomba sur un petit encadré. C'était écrit par un type drôlement psychologue. Clairvoyant. Un médecin. Un altruiste. Cela commençait par un titre : « La Timidité Vaincue. »

Clovis y vit un signe complice de ce putain de ciel.

En dessous, on lisait :

« Suppression du trac, des complexes d'infériorité, de l'absence d'ambition et de cette paralysie indéfinissable — morale et psychique à la fois — qui écarte de vous les joies du succès et de l'amour. »

Merde puissance inimaginable, si ce n'était pas son cas. Il dévora illico cette littérature :

« Développez en vous l'autorité, l'assurance, l'audace, l'influence personnelle, la faculté de réussir dans la vie, de se faire des amis et d'être heureux — par une méthode agréable et simple — invisible — véritable entraînement de l'esprit, du corps et des nerfs. »

Il replia le magazine.

Il trouva que le type aurait dû mettre des points au milieu de sa phrase trop longue, mais il se dit que, Bon Dieu, ça ne retirait rien à l'efficacité de la méthode.

Il prit un papier libre et écrivit sur-le-champ à la boîte postale indiquée. Il joignit un chèque bancaire et deux timbres pour la réponse. Il envoya aussi sec sa secrétaire pourrie jeter la lettre à la poste Centrale. En recommandé je vous prie, et qu'elle se magne le Popozoff. Scram ! Beat it ! comme aurait dit Sinatra.

Il s'envoya un crochet du droit dans le creux de la main gauche. Vraiment, vraiment, il lui tardait d'avoir une réponse.

Après, il se sentit ragaillardi. Il fit venir Cordier. Son souffre-douleur. Un jeune O.P. promu le mois dernier. Un type arriviste et dont il se méfiait. A son avis, plutôt de gauche. Dans la police, c'est incongru, non ? Déplacé. Déplacé, c'est le mot qu'il cherchait.

Cordier fit son apparition avec sa dégaine coutumière : cheveux longs et pas de cravate.

— Patron, commença-t-il, il faut que je vous parle. C'est urgent.

— Plus tard. C'est vous qui allez m'écouter.

— Mais...

— Il n'y a pas de mais. Vous vous asseyez et vous vous tenez tranquille. Il faut, puisque vous allez travailler sous mes ordres pendant un mois, que je vous fasse un briefing sur le secteur.

— C'est que justement...

Clovis ne lui en laissa pas placer une. Question de principe. Il se lança dans ce qu'il avait prévu de faire. A savoir un ordre du jour pour bien asseoir son autorité, pour montrer qu'il était un type à la hauteur, un type qui analysait son époque.

— Ici, mon petit Cordier, commença l'inspecteur Chapeau, ici, nous devons faire face à deux problèmes...

« Un — celui des étrangers. Je ne suis pas raciste, non, je ne le suis pas, mais, franchement — qu'est-ce qu'ils viennent foutre chez nous tous ces bougnoules ? Hein ? Les femmes, passe encore. Elles sont colorées à regarder. Fessues, en général, et plutôt bien nichonnées. La peau est lisse, alors je veux bien. Les boubous, je veux bien aussi. Mais les types... Vraiment, les types, par temps gris, ils font sales. Sans blague, Cordier, ils font dégueulasses. Vous me direz, ils n'y sont pour rien. Je répondrai ceci : on était chez eux, d'accord. Mais on en est partis. Pas facilement, d'accord. Mais on avait des excuses. En tout cas, on n'y est plus... Alors, eux — ne me répondez pas — qu'est-ce qu'ils viennent faire chez nous ? Trouver du travail — O. K. — mais qu'ils ne s'étonnent pas que ce soit celui qu'on ne veut pas faire qu'on leur laisse. Et voilà-t-il pas qu'ils commencent à protester, à se syndiquer, à revendiquer ! On aura tout vu ! Tout !

A ce moment (il avait eu la mâchoire pendante

pendant toute la diatribe), l'O. P. Cordier fit mine de lever le doigt pour prendre la parole. Chapeau ne se laissa pas interrompre.

— Attendez, je vous prie, laissez-moi poursuivre ! Bon Dieu de bois !

L'O. P. Cordier se marra puisque c'était comme ça. Ensuite, il fit un geste par-dessus son épaule qui signifiait que eh merde, il abandonnait la partie. Puisqu'on ne voulait pas l'écouter, il se tairait. Il sortit un chapelet d'ambre de sa poche et s'absorba dans sa contemplation.

L'inspecteur Chapeau entreprit la deuxième partie de son exposé :

— Deux ! — il y a les jeunes. Alors, là, c'est grave. On est tous frappés. Tous. Les riches, les pauvres et même le commissaire Bellanger.

Bien sûr, ce n'est pas drôle d'être veuf (il a perdu sa femme il y a deux ans dans un terrible accident de la route), et si le gosse avait encore sa mère, il ne ferait pas ce qu'il fait — mais, quand même, quand même, ces mômes, ils nous échappent. Gauchiste, le fils du commissaire ! Gauchiste, Cordier ! Dangereux. Arrêté deux fois. Au placard, à Beaujon. Fiché. C'est terrible pour son père.

Un — côté paternité. Deux — côté carrière. Quelquefois, il le dit, Bellanger : « — Il y a de quoi pleurer, Roger. » Et ça me touche. Ça m'émeut. C'est pour ça, je crois, que je lui ai demandé d'être le parrain de ma Julie-Berthe. Elle l'appelle Parrain Charles. Elle l'adore. Tiens ! il faudra que je lui dise d'envoyer une carte ou un bout de billet à Charlot. Ça lui fera bougrement plaisir dans le fin fond de son Lot. Jamais compris pourquoi il allait là-bas. Rien que des caillasses. Je lui ai dit une fois. Pas deux. Parce qu'il s'est fâché comme j'ai jamais vu :

— « Z'êtes trop con pour comprendre ! » y bramait. Devant les Hommes. Un vrai désastre.

Il se fit un brusque silence. Chapeau était à bout de souffle. Hors d'inspiration. Le bureau était petit. Clovis alluma une lampe. Ils se regardèrent.

L'O. P. Cordier se mit à remuer la jambe droite comme un dingue.

— V' zavez envie de pisser ou quoi ?

— Non, inspecteur, c'est que — comme je l'ai dit il y a longtemps, j'ai quelque chose d'urgent à vous dire !

— V' voyez bien que ce n'est pas le moment ! rugit Chapeau. Laissez-moi conclure. Où en étais-je ? Ah oui ! Je veux que vous sachiez encore une chose : c'est qu'on peut Arriver. J'en suis l'exemple vivant.

Là, Cordier leva un seul œil. Il s'y alluma un signal rigolard. L'inspecteur Chapeau affecta de ne pas le voir.

— Je sors de rien. Je me suis fait tout seul. J'ai des lacunes, mais j'ai compris le principal : il faut s'inscrire dans un Ordre. L'Ordre, il n'y a que ça. Vous m'entendez ?

L'O. P. Cordier afficha un salut militaire et se dressant d'un coup tapa brusquement de la semelle sur le vitrifié comme un horse-guard.

— Yes, Sir !

Clovis avait horreur qu'on se foute de lui. C'est présentement ce que faisait ce petit con.

— Dites-moi Cordier ? Vous lisez toujours cette revue repoussante ? Ce torchon ? Ce truc qui vous fait rire et vous colle le hoquet pendant des heures ?

— Charly-Hebdo, Sir ? Oui — Hips ! — et c'est de plus en plus prophétique... Hips !

— Et en quoi, je vous prie ?

— Ils disent — Hips ! — que ça va être la merde, Sir. Hips ! Sauf votre respect, Sir.

— Je ne vois pas le rapport.

— Eh bien, ça l'est, Sir. Le caca, je veux dire. Depuis une demi-heure, nous avons un crime sur les bras !

— Putain de bordel de chienlit verte ! Vous ne pouviez pas le dire ? s'étrangla Clovis. Il se rua sur la patère, vissa son galure, moucha son nez et dit au revoir à la dame :

— Olga ! notez les messages ! Je vous interdis de rentrer chez vous pour déjeuner ! Consignez les gars du standard ! Un car vite ! Une voiture. Un char, un banc, quelque chose, Bon Dieu !

Tout cela était devant la porte. Noir et blanc, avec des lumières à girouettes, des pimpons et des la la la.

Chemin faisant, Clovis les pensait longues.

Enfin, la lueur au bout du tunnel. Une affaire ! Une affaire, à lui. Il imagina Bellanger vert de rage. Souvent le commissaire le regardait bizarrement. Il essuyait ses lunettes — (ça agaçait Clovis), il le reluquait au travers et il disait de sa voix pondérée :

— Dans le fond, Roger, vous n'êtes pas antipathique, mais vous êtes fasciste. Profondément fasco. Réac. Eh bien, son chef était une baderne. Clovis, lui, se rappelait du chemin qu'il avait dû faire. Sorti du rang. A la force du poignet. A grand renfort de nuits passées dans l'encoignure des cochères. (Il en éternua.) Il avait commencé par la circulation. Puis, ç'avait été l'Intervention et, petit à petit, on s'était mis à dire : — « Tiens ! Chapeau y est déjà allé sans qu'on lui demande ! Tiens, Chapeau l'avait prévu, ce qui vient d'arriver ! Tiens, Chapeau, vous êtes d'accord pour la permanence du dimanche ? » Et il était d'accord, Clovis. Toujours d'accord. A cent pour cent, d'accord... Jusqu'au jour où on l'avait mis en civil. — « Chapeau ! vous êtes psychologue, vous voyez la photo de ce gus ? Il faut le suivre. Jusqu'à plus soif. » Et ça s'était terminé par l'arrestation des blouses bleues. Les spécialistes des P.E.T. Un mois de filature. La Une dans tous les quotidiens du soir. Deux balles de 7,65 dans le gras de la cuisse. Médaille du courage. Promu inspecteur. Chapeau, monsieur Chapeau !

C'est tout. Il n'y avait rien de plus à dire. Pas d'avantage à raconter. Sinon, la modestie aurait souffert et Clovis n'aimait pas souffrir.

Après, ç'avait été facile. Le Prestige. Perros-Guirec, un crochet par Saint-Malo et Juliette. La belle Julie. Et après Juju, le F4 et dès le F4, la naissance de Julie-Berthe. Ensuite, maintenant en somme, la Famille, les Congés Payés, la 504, la télé couleurs, l'Ordre. L'Ordre à 100 %. Huit ans déjà ! Huit années qu'il n'avait pas vu passer. Il en sourit aux anges qui lui ouvraient la route de toutes leurs sirènes.

C'est ça, le Bonheur.

Ou plus exactement, c'était. Car, en arrivant sur les lieux, Clovis fut fauché par une recrudescence de son influenza.

Les tempes battantes de migraine, il fit alors deux constatations. La première c'est que s'il aimait Juliette sa femme, il n'en aurait pas moins fait volontiers une fleur à sa voisine de palier, Peggy Spring. La deuxième — et là, catastrouille — c'est qu'il ne comprenait rien à ce crime. Rien. A cent pour cent.

7

Elle s'appelait Juliette Chapeau.

Elle était belle. Elle avait trente ans. Elle s'ennuyait dès qu'elle était seule dans l'appartement. Elle contempla son image dans la glace de sa coiffeuse. Elle se dit qu'elle aurait pu avoir une vie différente. Complètement différente. A cause de son corps. Elle était faite au moule. Elle le savait. Elle en était sûre. Les types lui cavalaient après comme des chiens. Ils ne faisaient pas pipi sur les murs pour lui laisser des messages, mais c'était tout juste. La comparaison la fit sourire.

Non, sans blague, les hommes, dès qu'ils la voyaient, faisaient leur numéro. Ils se congestionnaient, ils devenaient galants. Ils se débarrassaient tout de suite de l'alliance au fond de la poche. C'était le coup de la voix grave, le yacht en rade de Cannes ou le pied à terre en forêt de Lamorlaye.

Quand elle avait épousé Chapeau, Juliette y avait cru. Il était petit mais il était mignon. Elle était shampouineuse à Perros-Guirec. Un salon qui donnait sur la plage. Il venait jouer au volley. Il était bronzé comme un Tarzan de poche. Son Jésus était irrésistible. C'était du sûr, son avancement. C'était pour demain. Un officier de police, ça la flattait, ça l'élevait, ça l'arrachait du colorel. Deux mois plus tard, elle était maman-célibataire. Il avait aussitôt réparé. On était allé devant le Maire. Julie-Berthe était née. La ligne droite, la popote, les joies de l'électro-ménager, la fête des Mères, l'appartement, le choix des canapés, et puis après, la routine — le désert.

Bien sûr, au tout début, Juliette avait connu des week-ends chargés. Clovis, il ne fallait pas lui en promettre. C'était un grimpeur. Il avait du souffle. Elle avait vite foncé sur le stérilet. Sans ça, c'aurait été la dynastie des Chapeau assurée. Tous les dimanches, encerclé, c'était gagné. Elle avait mis le holà. A eux, les radadas.

Mais tout va, tout lasse. La semaine était longue dans les achélèmes. Elle se mit à bâiller, à manger des sucreries, à lire *Ciné-revue*. A se faire des idées. Alors, elle commença.

Modestement d'abord, et par accident, on pouvait dire. Avec innocence, elle l'aurait juré sur la tête de la petite. En allant tout bêtement se promener dans les bois.

Elle cueillait du muguet. Ça a l'air banal, et pourtant, c'est comme ça. Elle cueillait du muguet en bordure de la érène 16. D'un seul coup, un dinosaure de 200 chevaux-vapeurs — avec semi-remorque (c'est un détail), s'était arrêté en freinant comme un dingue. Le camion s'immobilisa cent mètres plus loin. Quand la poussière fut retombée, il y avait un titi de chez Pomona qui se tenait devant elle. Une gueule marrante, les sourcils noirs. Il avait les yeux vifs, un sourire mariole.

Il avait dit simplement :

— Vous dansez, mademoiselle ?

Comme elle n'avait pas saisi sur le moment, il avait ajouté : — Combien pour un « Complet » ?

Et c'était devenu clair, lumineux.

Elle s'était retrouvée dans un sentier fleuri. Vrai, ça sentait bon la feuille. Au bout d'un quart d'heure, la partie de jambes en l'air était finie.

— T'es un bon p'tit lot ! il avait constaté.

Il était reparti en disant :

— A jeudi. Comment tu t'appelles ?

Elle n'avait pas répondu. Il n'avait pas cherché à savoir. Son camion avait rugi au troisième ricanement du démarreur. Elle avait 20 000 balles au creux des mains. Elle s'était relevée lentement. Elle était toute froissée. Elle avait les fesses qui ressemblaient à un herbier ouvert à la page des amourettes. Mais, tout bien pesé, elle avait trouvé ça chou. Drôlement chou.

Le lendemain, elle avait eu honte et mal aux reins. Mais elle y était retournée : en huit jours, elle s'était constituée une clientèle. Des Latil, des Magirus, des Berliet, des Zunic qui déboîtaient en catastrophe, naufragés par ses charmes. Toute une clientèle de frigorifiques, de T.I.R. et de primeurs. Elle se mit à adorer cela. C'était une découverte émouvante. Plus le temps de s'ennuyer. C'était fou ce qu'elle s'était mise à gagner comme pognon. Elle avait ouvert un compte en banque par l'entremise de Coco, une copine de taf. Depuis, 300 routiers lui avaient tendu un billet de 10 000 et elle avait accédé à la propriété. Un cabriolet sport. Suppositoire pour la forme, rouge pour la couleur. Elle le remisait dans un parking secret. Et puis, elle avait pris un pseudo — comme les vedettes. Julie La Fête, on l'appelait. Très demandée, si l'on veut savoir. Et même fouetteuse — moyennant un léger supplément. Allée du Grand-Chêne. Dans une forêt domaniale dont il convient de taire le nom. 95. Val d'Oise.

8

Plus Chapeau regardait cette jolie rousse vidée de tout son sang sur le parvis de l'église, moins il pigeait. Elle était à ses pieds étrangement provocante dans sa dernière pose. Une grosse pivoine de sang au milieu de la poitrine, elle avait descendu trois marches et s'était brisée. Ses jambes prenaient le soleil. Comme pour faire une grimace à la pureté, à tout ce blanc conventionnel, la petite mariée laissait voir un slip violet. Assorti à son bouquet et gai comme un éclat de rire.

Les gens de la Famille, consternés pour le principe, habillés de noir et blanc (c'est le même costume qui servirait pour l'enterrement), se parlaient par petits groupes. Un homme sans âge, sans spécialité, sans expression se pencha à l'oreille de Clovis et murmura :

— Je suis le père. Elle s'appelait Elisabeth. Si c'est pas malheureux !

Betty regardait le ciel, un délicat sourire au coin des lèvres. Frappée en plein bonheur par une balle de 22 long rifle. Le projectile avait pénétré de haut en bas. On l'avait tiré depuis le sommet d'une tour. Les policiers étaient arrivés après la panique. Des tas de gens étaient déjà repartis dans leurs autos pour ne pas être mêlés à cette histoire de crime. Inutile de chercher à boucler le quartier. L'assassin avait disposé d'environ une demi-heure pour disparaître. L'enquête serait difficile.

Devant l'inspecteur, trente achélèmes se dressaient. Trente tours indifférentes. Parmi elles, celle où il habitait. Façades fermées sur leurs plantes caoutchouc, leurs F machin, leurs télés, les immeubles lui semblèrent terriblement uniformes. Complètement inhabituels, sourds, indéchiffrables.

D'où avait-on tiré ? Qui ? De quel toit ? De quel balcon ? Pourquoi ? Et Bellanger qui n'était pas là.

L'inspecteur Chapeau se moucha. Il se sentait mal dans sa peau. Il aurait vraiment souhaité à cette minute même, faire dix centimètres de plus. Il se dit que bordel de ce qu'il y a de pire. Il s'instilla de l'iliadine 50, un remède miracle contre les rhinites, et commença les constatations d'usage.

Betty avait les yeux verts. C'est ce qu'il vit en se penchant sur elle. Deux minutes plus tard, le calvaire de l'inspecteur Chapeau commençait : exactement lorsqu'en desserrant les mains de la petite crispées sur son bouquet de violettes, il découvrit un bout de papier froissé. Quand il l'eut déplié, il lut, écrit au crayon feutre : Truquée, ma vieille !

Et c'était signé, vous savez quoi ? Billy-ze-Kick.

Alors là, pour Clovis-Virgile-Désiré Chapeau, ce fut un coup de tonnerre, un tremblement de terre, une déflagration soufflante. Il en resta coi et son nez se mit à couler sans qu'il s'en aperçût. Parce que Billy-ze-Kick, c'était lui qui l'avait inventé. Rien que pour sa fille, rien que pour Julie-Berthe. Elle adorait qu'on lui raconte des histoires à dormir debout. Il faut reconnaître qu'elle avait une imagination féroce. Alors, le soir, Clovis et elle s'y mettaient : pendant que Juliette faisait la vaisselle, ils machinaient leur feuilleton quotidien.

Personnage principal : Billy-ze-Kick.

Signalement physique flou. Change sans arrêt de visage, d'aspect. Tantôt chevauche une motocyclette puissante comme un ouragan, tantôt prend la tournure d'un vieillard couleur de muraille. De toute façon, très cruel. Très solitaire. A horreur de la société. Lui fait une guerre acharnée. Sème la terreur, inondant les rues noyées de brouillard du vacarme de ses quatre-cylindres. Assassine juste pour le plaisir. Juste pour anéantir l'Ordre. Précisément cet Ordre que lui, Clovis-Virgile-Désiré Chapeau devait faire respecter.

Car, bien sûr, dans ce feuilleton, Roger s'était donné le deuxième rôle. Le beau, çui du Sheriff. Du défenseur de la Société en péril. Il avait toujours souhaité que Julie-Berthe l'admire. C'est important le respect du père. Voyez Sigmund... C'est pourquoi l'inspecteur Roger intervenait toujours à la fin de l'épisode et triomphait à ceci près — que, pour qu'il y ait une suite, Billy-ze-Kick s'échappait in extremis.

Clovis renifla un grand coup. Il se mit à penser à toute vibure. Cette activité inhabituelle le fatigua aussitôt.

Combien de personnes connaissaient l'existence de Billy ? Lui, bien sûr, mais il n'en avait parlé à personne. Ah si ! Justement, il en avait touché deux mots à Peggy Spring. Bêtement, plusieurs fois, histoire de montrer qu'il avait le sens de l'humour, histoire de faire le joli cœur. A qui d'autre ? A Bellanger. Quand il était venu dîner à la maison, pour faire passer le soufflé qui était raté. Restait Juliette. Juju, sa propre femme, sa nana, sa coquine. Restait surtout Julie-Berthe, la plus bavarde little girl in ze world, une jacassière intrépide, prenant l'ascenseur cent fois par jour. C'était elle la clé du problème. Elle l'instigatrice. Et ça ne simplifiait pas le problème en question. Clovis regardait l'immeuble où il habitait avec une sorte de crainte. La petite connaissait un monde fou pour son âge. Il en eut le frisson.

Il se tourna vers ses subordonnés. Il garda ses déductions pour lui-même. Les journalistes arrivèrent. Ils l'assaillirent de questions. Soudain, il devint quelqu'un d'important. Il prit l'air qu'il fallait : un tiers de sérieux imperturbable, un tiers de flegme américain, un tiers d'énergie dans les yeux. Flash ! Merci pour la Presse ! Les reporters le pressèrent de questions.

— Des soupçons, inspecteur ? demanda un photoseur à lunettes.

— Des indices ?

— Une piste ?

Sans réfléchir, Clovis s'entendit répondre.

— L'assassin s'appelle Billy-ze-Kick !

Il avait dit son nom avec emphase, comme on prononce un pseudonyme déjà célèbre, celui d'une star. Juste son nom. Il brandit le papier qu'il avait trouvé.

— Voyez ! Il a signé !

Les flashes crépitèrent à nouveau. Sa gloire grimpa en flèche. Demain, peut-être même ce soir, il serait à la Une. Ou à la Deux. Mais il eut en outre la sensation que quelque chose d'autre s'était produit.

Un personnage était né. Un être qu'il avait fabriqué de toutes pièces. Il venait de lui lâcher la main, de lui faire faire ses premiers pas. Oui, Billy-ze-Kick venait de débuter dans le monde.

S'il pouvait aller loin, Clovis en serait secrètement flatté.

9

Hippo ressentit soudain un choc. Une flèche venait de se ficher entre ses deux omoplates.

Il s'écroula, blessé à mort.

Il entendait faiblement monter la rumeur de la ville. Des pas se rapprochèrent sur la terrasse. Sa vie le quittait. Les bottes de son agresseur s'arrêtèrent au ras de son visage. L'assassin eut un rire sardonique. Il lui décocha deux coups de pied dans le bas-ventre. Encore un spasme et Hippo fit les gestes d'expirer.

— Salaud ! T'es mort ! dit la voix fluette en

guise d'oraison. Et paf, un autre coup de botte encore mieux placé. Après un ultime soubresaut, Hippo estima qu'il était suffisamment mort :

— Est-ce que les Bleuets ont gagné dimanche ? demanda-t-il en se redressant.

— Deux à zéro. Un penalty tiré par Franqui et une tête de Duddie à la quarante-cinquième minute sur centre Piedzack, fut la réponse.

— Vous avez joué sur votre terrain ?

— Voui. On aurait pu faire mieux. Mais l'arbitre était acheté. Nous comptons sur toi, le 24 ?

— J'essaierai d'être libre.

Hippo regarda le petit rouquin qui demanda en se grattant la fesse droite :

— Dis, chef, « ils » t'ont fait des piqûres ?

— Oui, plusieurs.

— T'as pleuré ?

— Non, non.

Il est de tradition qu'un chef ne pleure pas.

— Les salauds ! conclut Edouard. Il ramassa sa flèche et rentra trois centimètres de morve qui risquaient de lui échapper.

— Dis-moi, Ed, sais-tu où est mon violoncelle ?

— Avec les équipements des Bleuets, chef. Au vestiaire de l'équipe. Dans la cave à Piedzack. On n'y a pas touché. Il y a aussi ton sifflet... ton sifflet et tes crampons. La carabine, je l'ai planquée. T'en fais pas, ils n'attraperont pas Billy-ze-Kick. Ils ne trouveront pas ta pétoire.

— Billy-ze-Kick ?

— Oh, ça va ! Je sais que tu es Billy, chef ! J'ai tout deviné. Avec moi, c'est pas la peine de mentir. Mais, si tu veux, discrétion...

— Oui, discrétion... répondit Hippo mi-figue, mi-pampre.

— O.K. Chef. CÇa me plaît que tu soyes énigmatique, admit Edouard.

— As-tu vu Julie-Berthe, ce matin ?

— Elle est chez sa mère. Elle fait la bêcheuse. Elle dit qu'on l'empêche de sortir.

— Comment peut-on la joindre ?

— Ce sera dur. C'est depuis que tu as serré le cou de Mme Karapian, la chanteuse. Et puis, là-dessus l'histoire de la mariée... ça fait beaucoup, tu comprends ?

— N'en parlons plus.

— Voui. N'en parlons plus. Les Bleuets sont avec toi. Karapian n'ose plus prendre l'ascenseur. On lui fait la vie difficile. Paraît qu'elle va déménager...

— Peux-tu dire à Julie-Berthe que je l'attends ? Le temps d'aller récupérer mon violoncelle. Je serai à la cave. D'accord ?

— D'accord... T'as pas 1 000 balles ?

Hippo les lui tendit.

— ... Parce que je n'ai plus de munitions. Ça coûte de plus en plus cher, la vie. Avec la monnaie, j'achèterai des bonbons. Julie-Berthe aime les Zà la Menthe... ça aidera.

Ils se séparèrent en bas. Hippo poursuivit sa descente. Il connaissait parfaitement le sous-sol. Il contourna les poubelles. Il se rendit à la cave des Piedzack. Il y trouva ses affaires soigneusement rangées.

La carabine Unique à lunette était sous une pile de matelas. Son sifflet pendait au bout d'une cordelière. Il en essuya l'embouchure contre son gilet. Il souffla trois fois dedans : une longue et deux brèves, le signe de ralliement des Bleuets. Aussitôt, ça lui flanqua le cafard.

— Hippo, qu'est-ce que tu penses de ma Gudule ?

Il se retourna. C'était Julie-Berthe. Elle était habillée d'une robe de lainage. Une bleue avec des cercles verts. Le pantalon assorti lui arrivait aux genoux.

— Je te trouve superbe, Julie-Berthe. Comment va ton travail à l'école ?

— Ze suis z'en vacances. Sur mon carnet, « ils » disent que ze fais des progrès.

— Et les mathématiques ? C'est important, les mathématiques.

— Oh, tu sais, les « bases », ça va. Les « zensembles » aussi. C'est plutôt l'écriture qui est « C moins »...

— Il y a beaucoup d'enfants qui ont « A » ?

— Un enfant seulement. Sur mon bulletin, « ils » disent que ze suis zimaginative et follement en avance pour mon nâze. « Ils » disent aussi que ze suis capable d'être cruelle avec les zanimaux. « Ils » conseillent à mes parents de voir un sychologue à ce sujet.

— Les gens sont méchants.

— Voui. Vraiment, vraiment, ils le sont.

Hippo entendit des pas au-dessus de leurs têtes. L'ascenseur arriva. Edouard en descendit. Il était en nage. Il tendit un paquet de bonbons à Julie-Berthe et fit son rapport en même temps :

— Billy, chef, ils te cherchent. Ils disent qu'ils vont t'arrêter. Y a plein de flics. Y a M. Chapeau — ton père, Julie-Berthe, et avec lui plein de types bizarres. Ils fouillent partout...

Hippo garda son calme. Il se tourna vers la petite fille.

— Veux-tu que nous y allions ? Je crois bien que je suis pressé aujourd'hui...

— Voui. Allons-y passe que ma maman va s'inquiéter. Elle ne sait pas où ze suis.

Edouard fut chargé de faire une diversion. Le long jeune homme déploya ses bras à la manière d'un faucheux et porta son violoncelle dans l'ascenseur. Il revint sur ses pas et tendit la main vers Julie-Berthe. Un petit poisson dans l'eau dormante de ses doigts. Ils s'engouffrèrent dans l'Otis Pifre. Direction : le chiffre 11. Au passage du 5e, ils perçurent des bruits de godillots qui descendaient. D'autres qui montaient. Il y avait des éclats de voix.

— Ils te cherchent pour te truquer, dit Julie-Berthe.

Hippo pressa sur le bouton rouge. Arrêt. La cabine se bloqua sur place, suspendue entre deux étages. Ils étaient inaccessibles.

Le garçon fixa la petite fille. Les joues de Julie-Berthe. Le cou de Julie-Berthe. Le corps de Julie-Berthe. Elle soutint l'examen de ses yeux de poupée, sortit son paquet de carambas, l'ouvrit. Elle en prit deux d'un coup.

— Quand nous serons mariés, dit-elle, il faudra m'acheter des bonbons Zanglais.

— Certainement, ce sont les meilleurs. Nous les ferons venir de Londres.

— Tu m'achèteras aussi une bague ?

— Bien sûr, verte.

— Si tu veux. Du moment que c'est cher. D'ailleurs, sans bague, on n'est pas mariés.

Au creux du silence, elle tira sur ses couettes en mâchouillant.

Hippo sortit son violoncelle de l'étui. Il commença à l'accorder tandis qu'on martelait de coups la cage de l'ascenseur.

Julie-Berthe fourra deux bonbons supplémentaires dans sa bouche. Entre les raclements de l'archet, on l'entendait croquer. Elle prit l'air terriblement sensible. Celui qu'Hippo aimait lui voir prendre. Elle avait mûrement réfléchi. Elle mouilla sa phrase d'un filet de salive :

— Il faudrait habiter dans zun arbre. Si nous voulions zavoir vraiment la paix, ze veux dire.

— Oui. On ne peut pas toujours rester dans un ascenseur. C'est seulement bien pour l'hiver.

— D'accord ! Oh mais ça, d'accord ! L'été dans zun n'arbre, l'hiver dans zun n'ascenseur.

Julie-Berthe acclama cette idée. Elle battit des mains puis se calma.

Hippo commença à jouer un concerto de Brahms. Elle l'écouta sérieusement. Quand il eut fini, le paquet de bonbons était vide. Elle le froissa dans sa menotte et dit :

— Je le zetterai dans l'incinérateur...

Hippo repoussa ses lunettes au fond de son nez. Il considéra ses mains. Elles étaient moites. Il fixa son attention sur le front bombé de la petite fille. La sueur y perlait délicatement. Son cou était blanc avec un peu de duvet. Il aurait pu, il aurait pu le serrer d'une seule main.

— Maintenant, il faut rentrer, dit la gamine... sinon on va me faire des réflexions...

Elle ajouta pour elle-même :

— ... ce ne serait pas convenable.

Hippo se secoua. Il essuya ses paumes sur son

paletot de laine. Un geste brusque. Il rangea son violoncelle. Il articula avec raideur :

— J'en conviens.

Il appuya sur le bouton de montée. La cabine fit, comme libérée d'un gros poids, un bond vers les étages. Au 8ᵉ, elle s'immobilisa.

Julie-Berthe attira le jeune homme vers elle par le bout de la cravate. De très près, il reçut le choc de ses yeux, propres comme de la porcelaine. Elle ressemblait à un baigneur en Celluloïd. Elle l'embrassa sur les joues. Elle sentait le sucre. Elle lui donna aussi un baiser sur la bouche. Elle ouvrit elle-même la porte. Sur le palier, elle fit un signe de la main :

— Si tu es Billy-ze-Kick, dit-elle, sois gentil. Tue quelqu'un pour moi, veux-tu ?

Il n'eut pas le loisir de répondre. La porte se referma. L'ascenseur fut immédiatement sollicité vers le bas. Il ne fit rien pour le retenir.

Au rez-de-chaussée, deux hommes habillés en blanc pénétrèrent ensemble. Ils formaient un bloc. Ils étaient jumeaux, animés par la même détermination. Il se laissa prendre par les épaules. Emmener.

Dans la cour, sa mère se tordait les bras de douleur. Un petit homme, une espèce de nabot (c'était donc « ça » Chapeau ! Il avait peine à croire que c'était le père de Julie-Berthe) donnait des ordres en jurant comme plusieurs templiers. Il lui arracha l'étui de son violoncelle. Il se couvrit de son feutre gris pour dépasser un peu. La Mamzou demanda d'une voix de tête qu'on traite son fils avec douceur.

L'ambulance démarra en trombe. Des cyclistes s'écartèrent pour la laisser passer.

Julie-Berthe arriva par l'escalier qu'elle avait dévalé quatre à quatre. Elle toisa son paternel et laissa tomber, sifflante :

— Tchi ! Tu l'auras pas, Billy-ze-Kick ! Y t'essappe touzours...

— Ce type-là n'est pas Billy, c'est un cinglé !

— On verra. On verra ce qu'on verra, rétorqua la petite fille.

Elle prit l'air buté et raya le plâtre du mur avec une épingle à cheveux.

Quelques rues plus loin, une silhouette bondit carrément en travers de la route. L'ambulance freina pile. C'était un minuscule bandit masqué. Il brandissait un gros revolver.

La voiture repartit en douceur. Le chauffeur se pencha — tête et coude à la portière :

— Tire-toi, sale môme !

La bagnole reprit de la vitesse.

Edouard avait un bon cheval. Un cheval de six ans, six ans et demi. Il canardait sec avec son truc à air comprimé. Le pare-brise arrière s'étoila.

— Merde ! s'écria l'ambulancier en constatant les dégâts dans son rétroviseur. Il pila ultra sec. Il jaillit de la bagnole. Il se mit à courser le gamin. L'autre infirmier descendit à son tour pour briser la vitre.

C'est ce moment-là que choisit Hippo pour l'assommer avec la bouteille à oxygène et se faire la valise.

10

Assis sur un muret de pierre sèche, Charles Bellanger tenait la main de Gabrielle Montauzin, sous-directrice du Crédit Agricole de Montcuq. Déjà trois ans qu'il lui faisait la cour. Elle était veuve comme lui. Ça les avait rapprochés. A leurs pieds, le temps se traînait, les engourdissait dans un bien-être timide.

— Demain, c'est le 14 juillet. Vous viendrez danser ?

— Je ne sais pas si c'est très convenable. Vous autres Parisiens, vous bousculez les usages. Si on nous voit, on parlera.

— Laissez parler. Nous pourrions faire des projets, Gabrielle.

— Je ne suis pas toute neuve.

— Je me ferai nommer à Cahors. Nous pourrons bien vivre, si vous le voulez.

— C'est à considérer.

— Ne vous pressez pas.

Elle avait une fine moustache au-dessus de lèvres bien dessinées. Les pommettes hautes, un chignon haut placé.

Le soleil les réchauffait.

Ils se regardèrent en silence.

C'était simple : ils s'aimaient.

11

Ed n'aimait que les jeudis.

C'était le jour des Bleuets. Dès qu'il eut fini ses nouilles, il lava son assiette. Après, il se tartina du citro-neige sur les mains. Pour qu'elles ne gercent pas. Ils le conseillaient à la télé.

C'était l'heure de s'équiper. Chemisette bleue. Chorte bleu. Espadrilles idem. Il boucla son sac de gym où sommeillaient en permanence ses godasses de foot, une serviette-éponge et de la ficelle. On ne sait jamais.

Il se jucha sur une chaise. Il prit cinq sucres dans la boîte de fer. Celle qui se trouvait derrière les verres et qui était marquée « Y a bon Banania ». Elle était tout en haut de la pile d'assiettes creuses et très difficile à attraper. Il redescendit de la chaise et s'assit dessus. Il balança ses jambes, papadim, papada. Il se soupçonna d'avoir envie de faire pipi — l'inaction. A ce moment-là, il entendit les pas de son père sur le palier. Alors, il n'y pensa plus.

Eugène Macareux entra.

C'était un bel homme roux, un peu trop coloré sur le dessus des joues. Beaucoup de goût pour les Dames. Il était très fort des avant-bras. Son torse était bombé, son estomac un peu dilaté. C'est que le vin est lourd à porter.

Il s'avança vers Edouard. Il lui serra la main comme à autrui.

— Salut, fils !

Il alla à l'évier. Il se lava les pognes. Il les

égoutta en les secouant. Il prit place devant l'assiette qui l'attendait. Il déplia sa serviette. Il finit, de la sorte, de se sécher les poignets.

Edouard, pendant ce temps, apportait la casserolée de nouilles. Eugène remonta ses manches. Il se versa un grand canon de rouge. Il le but d'un trait. Il le volatilisa littéralement, feignant de le chercher au fond de son verre. Pas de doute, il n'y était plus. Il s'en versa un autre :

— J' l'ai pas vu passer ! dit-il, et il ajouta : le premier, c'est pour mouiller la poussière !

Il claqua de la langue contre son palais et marmonna ce qu'il marmonnait inévitablement avant chaque repas :

— Voyons, Ed. Tu sais faire les nouilles, tu sais faire les œufs, il va falloir que tu apprennes le poulet. Ça changerait...

— J' sais le faire ! Mais t'en ramènes jamais.

— C'est vrai ça. J'oublie toujours. Ah tonnerre ! Une fois, tiens demain, je ramènerai du faisan. Ça se fait pareil et c'est meilleur.

— Mange tes nouilles, p'pa. Elles vont être froides.

Eugène, obéissant, mastiqua en silence et prit son temps pour annoncer :

— A propos de poulets, ils n'ont pas remis la main sur ton copain Hippo. Paraît que c'est p' t'être lui qui s'est fait la Mariée. J'ai toujours dit qu'il était braque, ce mec.

Edouard faisait réchauffer le café. Comme cela, pas besoin de répondre.

Eugène Macareux avait quarante-cinq ans bien sonnés. Une sacrée gueule. Il était veuf. Sa bonne santé avait tué sa femme. Pas méchamment. En fait, il avait trop aimée. Bien sûr, elle était petite et étroite, mais 15 fois par semaine — sans compter la nourriture abondante et les jours fériés — ç'avait été trop dur. Elle n'avait pas résisté. Elle s'était cassée — comme une potiche.

Eugène avait eu un chagrin raisonnable. Son rire, qu'il avait fabuleux, sa vitalité l'excusaient dans l'immeuble. Au fil des jours, il avait rencontré tout le monde dans l'ascenseur. Il s'en était expliqué :

— C'est pas d' ma faute si j' pleure pas! C'est pas ma nature! J' suis un noptimiste!

Il riait.

Venant d'Eugène, ce comportement n'était pas choquant. Les hommes du achélème pensaient que sacré Eugène. Ils l'enviaient. Ils lui offraient une cigarette. Il la refusait :

— Ah! merci bien, m'sieur Piedzack... moi, j' me les roule! Et ça le faisait rire de plus belle.

Café servi par Edouard :

— Tout de même, le Billy — comme ils l'appellent — ça peut être qu'une moitié d'homme... un nobsédé, un type qui peut pas faire correctement la Chose. Pas normalement quoi. Pas d' danger qu' ça m'arrive!

Ça le fit marrer de plus belle c' t'idée.

Les femmes de l'habitation à loyers modérés regardaient ses bras avec envie. Elles se risquaient parfois jusqu'aux pectoraux. Elles s'arrêtaient avant les yeux. Elles soupiraient. Elles retournaient à leurs cuisinières électriques, à leurs machines à laver programmées, à leurs télés couleurs — à leurs maris s'ils étaient rentrés.

Tous les matins, les drôlesses prenaient la

pilule en pensant à Eugène. Si elles avaient osé, elles lui auraient demandé de leur prêter son membre comme un service. Pour le plaisir. Un p'tit plaisir. Puisqu'elles ne risquaient rien de ce côté-là. Puisqu'elles étaient bourrées d'hormones.

Au lieu de cela : le mariage. Une ligne droite en préfabriqué. Dans sa naïveté, Eugène s'imaginait la scène : sur fond de papier à fleurs, Paul, Pierre ou Jacques — conjoints de leur état — levaient la tête au-dessus du même lavabo. Sur onze étages de achélème, la brosse à dents restait en suspens — même interrogation, même sordide clé à ouvrir le bonheur du Conjugo. Il voyait d'ici les répliques :

— T'as pris ton « petit mercredi », ma biche ?
— T'as mangé ton « petit vaccin », ma poule ?
— Germaine ! T'as pensé à ton Ginovlane ?

Il s'en foutait pas mal, Eugène. Il était libre. Un des derniers mâles. Un mec. Un mammouth qui osait siffler dans la rue. Gai le matin. Soûl le soir. Bon aujourd'hui. Bon demain. Bon pour le service. Bon pour une partie gratuite avec la jeune mariée du 5e gauche, escalier C.

Il aimait les situations franches, Eugène. Il choisissait toujours l'ascenseur pour dire ce qu'il avait sur le cœur. Le client ne pouvait pas se défiler.

A Mme Achère, il avait réglé son compte aussi bien qu'aux autres :

— Pas la peine de bavasser que j'élève mal mon gosse ! Il est très heureux avec moi. Il m'aime bien et je lui rends la pareille. C'est mon p'tit frère. Pouvez pas comprendre. Vous z'avez jamais eu de petits. D'ailleurs, z'auriez été sèche... pas étonnant qu'on vous voie toujours à trimbaler du lait en bouteille... vous avez les nénés pasteurisés. On dirait un cailloutis. Même vô't minou, il en voudrait pas... pourtant, c'est qu'un gouttière. Edouard et moi, on vous En-à la course !

Mme Achère ressortait de ces éprouvantes séances, le pain brisé. Elle restait coincée dans la porte à glissière. Eugène, avant de la délivrer, l'assommait pour le compte. Il lui faisait le geste de la saluer militairement à hauteur de la braguette :

— Et encore ! J' suis poli !

Ou alors, à Chapeau, le flicard marié à la Juliette, une exquise, celle-là, il sortait tout de go :

— Dites donc, m'sieur Roger ! au lieu d' prendre l'escalier pour pas m' rencontrer... vous prendrez bien l'ascenseur ?

Une fois l'autre dans la cabine, il torturait Chapeau. Comme s'il avait essayé de lui retourner les doigts. Il jouait à lui faire bobo. Il prenait son élan, sa voix de stentor. Il lui balançait :

— Dites donc, dites donc ! Elle a un drôle de beau derche, Mme Chapeau ! vous pouvez y dire de ma part ! J' vous prends pas en traître... c'est l' genre à qui on f'rait bien n'un n'avantage !

L'inspecteur Chapeau lui arrivait au menton, à Eugène. Il riait jaune, le lâche. C'était du temps de gagné. On arrivait au 8e sans secousse. Plat comme une carpette, Clovis-Désiré glissait devant l'estomac d'Eugène.

— Sacré Eugène ! Et pour ce qui est du... enfin, de la... je ferai la commission.

Il refermait la grille de l'ascenseur en ne

sachant plus comment se séparer de son tortionnaire. Masochiste et fasciné, il disait encore avant de disparaître :

— Allez ! au plaisir !

Là-dessus, Eugène arrivait chez lui. Il retrouvait son F4, le petit, et les nouilles.

Le gagne-pain d'Eugène, c'était son autobus.

Il faisait transport d'enfants en semaine, Noces et Banquets sur demande et Essecurssions-zen-tous-genres pendant le wéquande.

Mais le Jeudi : c'était Bleuet.

Ce jour-là, c'était justement ce jour-là. Une longue et deux brèves. Le coup de sonnette fit dégringoler Ed de sa chaise. Il ouvrit toute grande la porte d'entrée. Il se tourna vers son père. Au-dessus de sa tasse de café, Eugène vit deux fois 12 enfants bleus.

Le plus grand fit rebondir un ballon de foot sur le parquet.

Ils mâchaient tous du chewing-gum en cadence.

— Tout le monde sont là ! dit le jeune Rémi Piedzack, en étirant le sien.

12

Juliette, ce jeudi-là, cherchait son darrière du regard dans la glace de l'armoire. Dès qu'elle l'eut centré, elle fut rassurée. C'était décidément un excitant derche. Elle contempla le liquide incolore qu'elle étalait sur ses ongles. Ce vernis séchait plus vite que l'ancien. Elle prit délicatement le petit pinceau. Elle fit une nette amélioration au médius de la main droite.

Elle soupira en entendant les vocalises de Mme Karapian qui reprenaient à l'étage du dessus. Elle se dit qu'Hippo aurait mieux fait de l'étrangler pour de bon. Que vieille conne. Elle fit trembloter ses doigts en l'air pour sécher ses ongles.

Le téléphone sonna. C'était sûrement sa mère qui l'appelait d'Angoulême.

— Bonjour mère, quel temps fait-il ?

— Il a plu hier. Aujourd'hui, ce n'est guère mieux. Il n'y a plus de saisons.

Le désert, cette femme-là. Rien que des banalités.

— Ici, nous avons le soleil. Il fait même très chaud. On étouffe dans cet appartement. Je ne sais pas quoi me mettre sur le dos cet après-midi...

Il y eut un grésillement, un silence. La vieille Dame appelait tous les jours à la même heure. Il n'y avait plus qu'à prendre son mal en patience.

— Ton père t'a écrit...

— Ah bon.

— Oui. Tu sais comment il est. Sa fifille lui manque. Est-ce que tu viendras nous voir cet été ? Maintenant, nous avons l'Epéda... tu sais, le multi-spires...

— Maman, c'est tout à fait impossible. Je viens tout juste de commencer ce nouveau job... L'été, c'est précisément le coup de feu.

— Tu ne nous donnes pas de détails dans ta dernière lettre. Il est vrai que tu n'écris pas souvent.

— Mais, maman...

— Qu'est-ce que c'est au juste, ce travail ?

Juliette coinça le récepteur sous son menton et trouva la question embarrassante. Elle ne pouvait quand même pas dire à sa mère qu'elle tapinait. Elle corrigea une lunule du bout du pinceau. Elle reposa la bouteille. Elle rata le goulot de peu, en voulant le reboucher. Elle y arriva quand même. D'une seule main. Elle souleva le combiné, souffla sur des cendres de cigarette et récupéra l'ébonite :

— C'est une Agence de Voyages. J'organise. Je réceptionne.

— Ah ! Tu vois que ton « Pigier » te sert !

— Oui. C'est un travail d'hôtesse. Ils voulaient quelqu'un qui présente bien...

— As-tu un uniforme au moins ?

— Comme à Air France. Mais orange.

N'importe quoi.

— C'est très seyant, ça, l'uniforme. Ça doit bien t'aller !

— Oui. Mais, les talons, toute la journée, c'est tuant. Tuant. (Ça, du moins, c'était vrai.)

Juliette se leva et se mit à marcher en tirant le fil derrière elle. Elle fit le tour du lit sur la pointe des pieds. En passant devant la glace, elle s'arrêta. Elle mit un doigt dans sa bouche. Elle en mouilla l'extrémité. Elle dessina des chemins frais autour de la pointe de ses seins. Elle pensa à Julie-Berthe qui était encore partie sans prévenir. La petite fille lui avait demandé le matin même quand est-ce qu'elle aurait, elle aussi, des « poitrines ». Juliette regarda les « siennes » s'engloutir dans la chair de poule. Ses tétins cheminaient sans bruit vers l'extérieur. Escargots après la pluie.

— Ne te fatigue pas trop Juliette... La dernière fois, tu avais mauvaise mine. Les yeux cernés.

— Au contraire, maman. Ça me fait du bien de sortir. J'ai besoin de me dépenser. D'avoir un but. Quelque chose à faire. Tu sais, ces grands ensembles, c'est atroce.

— Et ton mari ?

— Qui ? Clovis ?

— Oui, Roger. Qu'est-ce qu'il en pense ?

— Oh, tu sais, il est toujours parti. Il est d'accord. Il dit qu'une femme doit travailler...

Elle quitta la glace des yeux, ne souffrant pas de se voir mentir. Elle franchit un rayon de soleil. Elle s'amusa à sauter par-dessus. Il y eut une secousse. Elle faillit lâcher l'appareil. Sa mère s'inquiéta à Angoulême :

— Allô ! allô ! Mademoiselle. Ne coupez pas ! Ne coupez pas, vous dis-je !

Juliette entrebâilla la porte-fenêtre du balcon. Elle se pencha dehors. Elle repéra les enfants du quartier, les Bleuets, qui montaient dans l'autobus du voisin du dessus. Elle le trouvait marrant, cet Eugène. Il la regardait toujours juste comme il faut quand elle le côtoyait dans l'ascenseur. Elle aurait parié qu'il n'avait pas l'intelligence musclée, mais l'attitude était réaliste. Et quels bras !

— Ecoute, maman. C'est deux heures moins le quart, il faut que je me sauve.

— A quelle heure commences-tu ?

— Oh ! C'est un peu comme je veux. Mais le soir, si on me demande de rester, je le fais. C'est naturel.

— Et Julie-Berthe, dans tout ça ?

— Elle navigue. Tu sais, c'est les vacances.

— Et le fou ? Celui qui a voulu étrangler la chanteuse d'Opéra la semaine dernière ?

— C'est fini. Il est reparti. Ce matin, il s'était sauvé. Mais ils sont venus le reprendre. Ils l'ont embarqué. En réalité, il est plutôt sympathique, Julie-Berthe l'aime bien. Elle veut se marier avec lui.

— Qu'est-ce que tu racontes-là ?

— Oui, oui. Parole. Ils ont des tas de jeux ensemble. C'est la seule qui sache lui parler.

— Je suis inquiète, Juliette. Tu es inconsciente... Vraiment. Et s'il arrivait quelque chose ?

— Mais non, maman. Ne te fais pas de soucis.

— Qu'est-ce que j'entends ?

— Comment ?

— Qu'est-ce que j'entends ? C'est la radio ?

— Non. C'est la chanteuse d'Opéra en question. Elle donne des leçons le jeudi.

— Bon. Je vais raccrocher. Je vais prendre un bain. Ton père t'embrasse... Je te le passe. Il veut absolument te dire un mot...

La barbe, se disait Juliette. Et tous les jours la même chose.

— ... Bonjour fifille... Je t'embrasse et je t'attends... Viens vite. Ton père devient vieux.

— Je viendrai dès que je pourrai. Je t'embrasse, papa. Embrasse maman. Au revoir.

— Au revoir fifille. Au revoir...

— Oui, au revoir.

— ... alors, au revoir.

Dès qu'elle eut raccroché, elle fit le geste de se flinguer. Elle se précipita sur un petit tailleur strict, raflant une mallette au passage, enfila ses chaussures à talons aiguille et prit son élan vers la porte.

Une fois dans l'ascenseur, elle se chercha dans la glace. Elle gonfla une mèche. Elle fit jouer une lèvre sur l'autre. Elle se mit de trois quarts sans se perdre du coin de l'œil.

Elle tomba sur un graffito gratiné.

On disait en lettres bâtons qu'Eugène Macareux était un sacré salaud. On expliquait pourquoi. C'était écrit au crayon. C'était signé Billy-ze-Kick. Juliette se demanda qui pouvait être l'auteur de cette espièglerie. Sûrement pas un gosse. Alors qui?

Arrivée en bas, elle marcha rapidement en direction du centre commercial numéro 3. Deux blocs plus loin elle regarda le soleil avec satisfaction. Elle avait un grand après-midi devant elle. Clovis devait être bigrement occupé par son enquête et ne rentrerait pas de bonne heure.

Elle s'engouffra dans le parking souterrain.

Elle en ressortit, vêtue tout en noir, au volant d'une Matra rouge.

13

Billy-ze-Kick ouvrit les yeux.

L'étrange raideur de sa nuque s'était dissipée. Il fallait toujours qu'il dorme après l'Acte. Allongé sur son lit, il regarda le plafond sans le voir — n'accommodant sur rien en particulier.

Vacuité. Blanc. Rien.

Maintenant venait le temps de la réflexion.

Une sourde angoisse lui nouait l'estomac. Avec le meurtre de la mariée (il préférait dire le coït), il avait été totalement imprudent. Il avait obéi à une espèce d'urgence, à une sorte de soumission inconsciente. Il avait agi en état de crise. Une impulsion qu'il n'aurait pu comparer qu'avec la faim ou la colère. Il fallait que ça ait lieu. A ce moment-là il n'était plus qu'un instrument. Un robot qui frappait par besoin. Pour guérir. Pour résoudre. Pour étancher.

Le fait qu'il ait obtenu le Plaisir dans son sexe à distance lui parut tout à fait exceptionnel. Ça ne s'était jamais produit auparavant. Nouveau. D'ailleurs ce n'était pas prévu. Une erreur peut-être, sur le plan de la sécurité. Encore qu'il ne voyait pas comment la police risquait de l'identifier après un geste aussi gratuit.

A l'avenir, il faudrait qu'il soit prudent. Qu'il résiste aux décisions qu'il n'aurait pas prises en réfléchissant. Sinon, un jour, il se ferait prendre. Il fallait qu'il espace les Actes. Il le faudrait.

Pourtant, il programma ses pensées et maintint ce qu'il s'était fixé comme objectif ce jour-là. Le prochain coït avait été souhaité, organisé, prévu.

Aucun risque.

La victime était pour ainsi dire consentante. C'est elle qui l'avait relancé. Il serait au rendez-vous. C'est elle qui voulait le Plaisir, elle qui s'était offerte.

Il eut une érection fugace en se passant sous la douche brûlante.

14

Dès que le bus s'immobilisa sur le bas-côté de la érène 16, la porte coulissa dans un bruit d'air comprimé. Trois Hip hip hip et un hourrah retentirent peu après. Les Bleuets se déployèrent dans la clairière en poussant des clameurs. Puis, on fit circuler la balle en passes courtes. C'est Piedzack qui dribblait le mieux. Ed, très concentré, était dans les buts. Fesses tendues vers l'arrière, bras pendants, il protégeait sa cage.

Eugène resta un long moment près de son véhicule. Il ramassa quelques cailloux et — greli, grelot — les agitant dans ses mains fermées, se posa la question suivante :

— Combien de pierres dans mon sabot ?

Comme il avait deviné juste, il s'accorda une cigarette. Il la roula de main de maître et s'apprêtait à saliver la gomme quand il vit passer un Ecossais. Le kilt le fit penser à la Chose.

Il se glissa derrière son volant. Il pouvait bien, après tout, prendre trois quarts d'heure pour faire le garçon.

Deux fois par semaine, il passait dans le secteur. Pour cause de travail. Au retour, il ne manquait pas l'occasion d'aller se faire plaisir.

Il retrouvait Coco — qui était grosse et pas très comestible. Elle avait un corps de lutteur. Elle se passait les cheveux au henné. Elle était marquée par Ali Baba, natif de Bougie.

Eugène aimait à s'empoigner avec elle. Il

n'avait pas toujours le dessus, mais, en amour, ce n'est pas grave. C'était sain, c'était champêtre. La saison des Amours durait depuis l'apparition des crocus jusqu'au ramassage des noix. Tout dépendait de l'arrière-saison et des quartiers de lune. Astral, quoi.

Parfois, Coco tardait à revenir des buissons ardents. Les clients ont des exigences, des « re'v'nez-y », des « jusqu'à-plus-soif » ; en cas de régarnette, Coco, prévoyante, laissait son écharpe accrochée à un chêne. Cela voulait dire :

— Je laisse mon tulle. Je reviens. Patiente, mon gros. Nous boirons un muscadet.

Eugène faisait comme les autres types. Il attendait son tour en mangeant un cornet de frites à la guinguette. Les bahuts de 45 tonnes, les T. I. R., les Somua, les Berliet coinçaient la bulle, capots ouverts pour refroidir.

Coco arrivait. Elle finissait à peine de se rajuster. Elle commandait dans la foulée :

— Deux! Comme d'habitude! Je suis zen nage! Essecuse moi, je ne pouvais pas le bâcler, c'était un gros client! Allez! à la tienne!

On trinquait.

Ça puait l'huile chaude, mais il y avait du soleil. L'humeur était bonne. Les 40 voleurs de Coco finissaient par se connaître.

Quelquefois, on s'arrangeait à l'amiable :

— Dis donc, Eugène, disait un camionneur, j' suis pressé aujourd'hui. J' vais sur Maubeuge et c'est périssable. J' peux passer avant toi? Si j' veux arriver avant le clair de lune!

Ou bien Coco respectait le temps de la consommation, puis elle repoussait son verre. Elle déclarait :

— Allez ! quand tu veux.

Et ils allaient se pugiler.

Mais, ce jeudi-là, à cette heure inhabituelle, Eugène nourrissait d'autres espoirs. Il comptait, avec un peu de chance, pouvoir essayer une Nouvelle, un tendron classé, un tortillon hors du commun. Une Demoiselle.

Dès qu'il vit la voiture rouge, il sut qu'elle était là. Il contourna prudemment le foulard flânocheur de Coco — çui à tours-Zeiffel — et s'embusqua à couvert.

Au bout de cinq minutes, il vit revenir, par un sentier drôlement battu, la créature de ses rêves. Elle enjambait les ronces pour n'y pas griffer ses longues bottes noires. Ses cheveux étaient défaits. C'était Byzance, c'était une apparition.

— Je dirai même plus, se fit remarquer Eugène, c'était trop beau pour être vrai.

Un type en salopette suivait la fouetteuse. Il avait l'air presque intimidé. Il trottinait — vermiculaire — derrière elle. Il la rattrapa en coupant par l'épaisseur du taillis. Couvert d'écorchures, il s'esclavagea poliment, écartant les mauvaises herbes, afin qu'elle puisse passer commodément.

C'était la fin du quart d'heure colonial.

Les tambours s'arrêtèrent. Ils se serrèrent la pogne. Tournant le dos à la folie des Tropiques, le gars s'élança vers le monde civilisé. Il avait l'air drôlement requinqué. Il grimpa en souplesse dans un énorme camion jaune. Il remonta d'un geste coutumier la bretelle de sa salopette et claqua la portière. Le moteur rugit sous le pied du Julot. Tous clignotants dehors, il déboîta sur la Nationale. En sens inverse, un Titan s'arrêta.

La fille fit un signe d'adieu à ces primeurs qui partaient vers le Nord et dont elle avait un peu assuré le transport. Le nouvel arrivant écrasa son klaxon en signe de rut. La dompteuse négligea ce barrissement zoologique. Elle sortit de sa langueur, fit claquer son martinet, et signifia à Eugène de lui emboîter le pas.

Il remonta ses manches pour faire valoir ses bras. Il rentra le ventre. Il bomba d'avantage les pectoraux. Il n'osait pas vraiment la regarder.

Comme une sirène, elle chantonnait pour le guider vers les buissons, vers sa tanière, sa grotte, son lit de Nature. Lui, chaloupait comme un marin qui va se fracasser de bon cœur sur les brisants.

Il pressa le pas pour rattraper la Lorelei.

Eugène était physionomiste. Il lui trouva un derrière familier. Mais il ne fut pas capable de mettre un nom dessus. On peut reconnaître un derrière et que son nom vous échappe. Jusqu'à ce qu'elle se retourne.

Alors là, les mots lui tombèrent de la bouche :

— Merd'alors! Mâme Chapeau! qu'il expira, Eugène.

— Ici, je m'appelle Julie-la-Fête! Monsieur Macareux, expliqua Juju — fatale sous le mascara. Et changeant de ton :

— Eh ben, Eugène! Ne reste pas pendu comme une andouille! T'as peut-être une réputation dans les ascenseurs, mais ici, c'est sylvestre. Alors, sois gentil, montre-moi que tu sais te servir de tes bras.

— Je veux bien... dit Eugène en les lui tendant.
Elle s'y installa. Il la trouva légère. Pour lui tout seul elle trémola :
— Vas-y King-Kong ! C'est à cent mètres... je viens de retaper le dodo... tu verras, les draps sont à fleurs. Rien que des violettes doubles...

15

Je m'appelle Alcide Prébois et je nage libre dans mes pantalons. Plus de ceintures. C'est le temps des bretelles. J'ai soixante-dix ans. Je perds rapidement du poids depuis janvier. Je pense que je suis foutu. Le cancer est quelque part en moi. Quelquefois, une douleur. Je me palpe brusquement comme si je cherchais quelque chose dans mes poches. C'est profond et ça joue à cache-cache dans mon ventre.

A force de maigrir, la peau de mon cou s'est constituée en fanons — sortes de plis comme en possèdent certains volatiles — principalement les dindons. Rouge avec ça. L'abus du jaja m'a fait les naseaux un peu vineux, les yeux un tantinet globuleux, injectés, devrais-je dire, vers le soir et jaunasses le matin.

Mais j'ai encore la main ferme, jamais l'ombre d'un coryza et les habitudes d'un paysan. Tôt levé, couché après la soupe.

C'est *Le Chasseur Français* qui m'endort depuis un demi-siècle. Une bible. Un livre de chevet. Je l'ai connu à 30 centimes, le voilà à

2 francs. Je porte brodequins cloutés l'hiver, sandalettes de cuir l'été. Jamais voulu introduire le plastique chez moi. Formica, connais pas. Rien que du naturel.

Et toujours l'Amour! Ah, l'Amour! Le grand Amour de la terre!

Moi, Alcide, je me courbe souvent, je ramasse une poignée de glaise et je l'émiette nostalgiquement. Je pleure, je pleure sur la terre. Je chiale des larmes de Kiravi. C'est qu'avant d'être un déchet humain, enfermé dans un petit pavillon de banlieue, entièrement cerné par des tours de cent mètres — j'étais un homme libre.

J'étais horticulteur.

C'était ainsi chez les Prébois depuis cent cinquante ans. On cultivait les roses, les bégonias, les génarii — selon un rituel guidé par le bon sens, l'expérience et le goût sublime de la verte nature. Chez nous, de père en fils, il faut qu'un bourgeon pète, que le Diable marie ses filles, que le gel ferme les sillons, que les cloches réchauffent les plans et que la fumure engraisse les couches. J'ai tirlipoté les plantes dans un beau carré d'humus jusqu'à ce que les bulls, les Poclain, les grues envahissent le terrain et qu'on exproprie les hortitis, les horticos.

Ils les ont dressées leurs saletés — traceuses comme des orties. Cubes de béton, gratte-culs, Prisus, Basprix — rien que des vacheries. Adieu, chapeaux de paille et sécateurs, voici le temps des casques en plastoche. Adieu, roses pompons, cotonéasters — voilà les plates-bandes piétinées par des esclaves venus d'Alger, de Santiago, de Galice ou de Salamanque.

Mais je résisterai jusqu'au bout. Je suis le

dernier carré de terre. Les achélèmes, en poussant, ont mangé le soleil. Ils cernent et délimitent les 1 000 mètres de terrain qui me restent. Ils étouffent le pavillon. Il y fait froid comme dans une cave. Je grelotte de ne plus recevoir la lumière du jour. En prime, « ils » m'ont coupé l'électricité. Ce matin, pas plus tard que ce matin. Je sais ce que cela signifie.

D'ici à demain, peut-être après demain, les hommes en ciré jaune viendront pour démolir. Le bulldozer à tablier attaquera le mur du jardin. Ils renverseront tout, ils briseront les serres, les espaliers, la pergola et même la petite statue de Cupidon qui plaît tant à Julie-Berthe.

Ma seule amie, ma confidente. Une petite rouquine de sept ans qui vient bavarder avec son vieil Alcide pendant des heures. Elle m'a prolongé la vie rien qu'avec ses histoires à dormir debout. Quelle imagination! Quelle soif de questionner! Et Billy-ze-Kick, un personnage qui mériterait de vivre.

— Dis, Alcide, les abeilles, tu me les montres faire le miel?

— Dis, Alcide, les chenilles comment elles deviennent papillons?

Rien que pour ça, rien que pour elle, j'ai gardé des cocons dans des boîtes d'allumettes et j'ai entrepris d'avoir une ruche. Elle m'émeut, cette enfant. Cette petite femme. Cette petite compagne de mes derniers jours.

Ma décision est prise.

Je vais leur faire un drôle d'accueil aux envahisseurs. Je vais leur laisser un testament. En plusieurs pages. Ils l'ouvriront encore après ma mort. Pour le relire. Croyez-moi, ils vont hériter, les salauds. Hériter de ce qu'ils méritent. Je vais leur foutre sur la gueule. Et maintenant, assez parlé.

Il faut que je prépare la réception. Il faut que je me venge de tout ce que m'a fait endurer cette Société de merde.

J'ai tout préparé de longue date. J'ai vu venir les choses. J'ai gardé depuis la Libération un véritable arsenal. Des grenades, de la dynamite et de quoi faire sauter un bon carré de maisons. Il y a trente ans, j'étais un spécialiste de l'explosion. Les Allemands en ont bavé dans mon secteur. On leur faisait des feux d'artifice extraordinaires. En dépliant mes fils de la cave au grenier, je sifflote. Rien qu'en revoyant l'explosion de la Cartoucherie d'Issy-les-Moulineaux et deux jours plus tard le sabotage de la voie ferrée Paris-Strasbourg. Ah, c'était le bon temps ! Oui, ça l'était.

J'en suis là quand j'entends la voix de Julie-Berthe qui m'appelle depuis le jardin :

— Alcide ! Alcide ! C'est ta caille, ta Zulie ! Où que t'es ?

Je descends à toute vitesse. Elle court vers moi. Petite femme. Petite fille. Tes taches de rousseur, ton nez froid.

— Alcide ! Alcide ! Tu sais quoi ?

— Non.

— Billy-ze-Kick est arrivé ! Il a tué la mariée...

Elle me raconte tout. Ça me fait bien marrer malgré un élancement fulgurant dans le ventre qui me traverse juste à ce moment-là. Je mets un sourire sur ma douleur.

— Je te l'ai toujours dit, Julie-Berthe, Billy existe. Pour sûr, Billy existe bien.

— Ze le croyais pas. Mais maintenant, ze le crois. Paraît qu'il va zigouiller toutes les bonnes femmes.

— Pas seulement ça. Il va tout faire sauter. Il va faire parler de lui, crois-moi.

Elle prend l'air inquiet :

— Et papa l'attrapera ?

— Il ne l'attrapera pas. On n'attrape pas Billy.

— Tu le connais, toi ?

— Je l'imagine assez bien.

— Comment qu'il est ?

— Il est un peu comme on veut qu'il soit. Pour certains il est grand, beau et brun. Pour d'autres, il est vieux et grincheux. Pour d'autres encore, il n'est ni beau ni laid, ni vieux ni jeune. Juste invisible à l'œil nu. Beige, si tu préfères.

— Mais z'il est cruel, n'est-ce pas ?

— Féroce.

— Moi, ze l'ai dézà vu. Ze le vois souvent...

— Où ça ?

— Ze peux pas te le dire. C'est un secret.

Elle se tortille, capte l'intérêt et redémarre :

— Ze l'ai peut-être vu ce matin. Z'ai des doutes. De toute façon, ze le vois en rêve. Quand ze m'endors, il passe en moto. Tu le diras pas ? Tu diras rien, mon vieux. Il fait croire qu'il sait pas faire de moto, mais z'en fait, ze crois qu'il doit savoir.

Julie-Berthe est partie sur les ailes de l'imagination. Ça me plaît de l'entendre nager en plein conte de fées. Moi, Alcide, je vais rendre crédible son héros. J'ai toujours rêvé que ma mort soit une farce.

— Il m'a embrassée sur la bousse. Auzourd'hui même. Ze m'y attendais pas. Z'aime assez...

Tout en l'écoutant, je continue à dérouler mes fils. Trois pièges principaux : le premier à l'entrée, vers la grille et le long du muret de brique. Je pense que c'est par là qu'ils attaqueront. Le deuxième, dans l'entrée de la maison. Le dernier, à la cave — une régarnette, celui-là. Je pense qu'aucune des explosions ne provoquera l'autre. Comme cela, ils seront plusieurs à en profiter. La petite fille me regarde faire en tirant sur ses couettes.

— A quoi tu zoues ?
— Tu le sauras bientôt. Ecoute-moi.

Je m'assieds sur les marches du perron et je la prends contre moi. Elle se loge entre mes deux jambes que je resserre pas trop fort autour d'elle. Elle est toute chaude comme un poussin. Je tiens ses fesses entre mes mains. Mon vieux plumeau en rosit au fond de mon pantalon. J'en ai honte. Je dis :

— Julie-Berthe. Je vais m'en aller. J'y suis obligé. Je te donne mon joli pot d'azalées, tu sais, celui que tu aimes tant.
— C'est ça le cadeau ?
— C'est ça. Et puis autre chose encore, mais tu le sauras seulement plus tard.
— Bon. Ze pose pas de questions.
— Très bien. Maintenant, tu t'en vas. Tu passes par la serre et tu prends les azalées. Tu rentres chez toi. Tu n'en bouges plus.
— Les zazalées roses ?
— Ce sont les plus belles. Embrasse-moi.
— Tiens, ze te bise sur la bousse.

Un baiser tout mouillé et qui sent le sucre

d'orge. Déjà, elle s'éloigne. Je la suis des yeux depuis le perron. Elle rentre dans la maison de verre. Je laisse errer mon regard sur les tours de béton. La petite fille ressort. Elle tient le pot de fleurs serré contre elle. Je l'ai préparé avec amour. Entouré d'un papier de couleur, avec faveur verte.

Elle fait signe au revoir. Elle franchit la grille. Elle est vite absorbée par l'ombre des buildinges.

Je termine mon travail.

C'est fait. C'est bien fait. J'enfile mes charentaises comme si j'allais me coucher. Je monte à l'étage. Je rentre dans ma chambre à coucher. J'écris mon dernier message. J'ouvre la porte de mon armoire à glace, je me glisse à l'intérieur. Je referme la porte sur moi. Dans le noir, je ressens une douleur qui secoue mes intestins et remonte jusqu'à mon estomac. C'est la dernière fois que je souffre.

J'appuie mon fusil contre ma bouche. Un baiser froid et je me tue.

16

Elle s'appelait Peggy Spring.

Comme le printemps. Comme un ressort en Angliche. Elle avait du pep, de l'abattage et l'accent de Maidenhead (un collège chic, pas loin de London). Les gens de l'immeuble l'appelaient mademoiselle. Parce qu'elle était gaie, parce qu'elle semblait sortie d'une comédie américaine, parce que son derrière était spirituel.

Elle était bien vue. Discrète. Elle s'était acheté les bonnes grâces de Mme Achère en lui faisant des cadeaux.

Elle avait un très joli dos. De fabuleuses épaules. Les cils naturellement longs. Un corps longiligne. Sa peau était lisse. Etrange son regard. Vert le matin, bleu sombre quand le ciel avait du chagrin. Elle soignait ses mains.

A cette minute même, Peggy prenait un soin extrême et tendre à enfiler ses collants. Baby long legs, le bas qui n'en finit pas de monter.

Maintenant, allait commencer ce qu'elle préférait. Le maquillage. Elle aimait le noir : c'est une couleur profonde qui s'harmonisait bien avec les vêtements qu'elle portait.

Ses robes étaient généralement rouges, souvent marron. Toujours sobres. Sans reflets, sans qu'aucun bijou en vînt distraire la rigueur.

Elle stylisa son visage.

Elle avait les pommettes hautes, le nez droit, le front dégagé. Le fond de teint qu'elle utilisait était clair, la poudre transparente. Sur l'œil, elle croisa des ombres brunes et grises qui creusèrent les arcades sourcilières et s'estompèrent vers les tempes. De l'oreille au creux des joues, une ombre violette sculpta son visage. Sa bouche ouvrait l'appétit des hommes. Elle la peignit avec un rouge-marron. Elle en avait trouvé un qui brillait. Les balourds étaient immédiatement fascinés par cet aspect de fraîcheur. Ça la faisait bien rire et elle découvrait des dents éclatantes.

Le flic, Chapeau, qui habitait en face, en

salivait sur place. Encore un peu et il ne sentirait pas la bave lui couler sur le menton.

Peggy avait choisi cette Cité pour qu'on lui fiche la paix. Elle pouvait rentrer à n'importe quelle heure. Elle pouvait ainsi cacher sa vie secrète. Les gens revenaient juste pour dormir. Se connaissaient à peine. Ils partaient le matin de bonne heure, tendant les bras vers des trains de banlieue, des machines à pointer, des cantines, des bureaux. Pauvre foule, pauvres moutons, pauvres suiveurs. Elle, Peggy, elle était libre.

Artiste, elle affichait comme métier. Dans une boîte de la Rive Gauche — l'Alcatraz. Sa spécialité, c'était Marlène. La seule Marlène illustrissime. La Dietrich.

Un numéro sensationnel : pour donner l'impression du cinéma muet, elle s'habillait en noir et blanc. Un disque tournait devant les projecteurs comme la croix de Malte d'une caméra. On aurait juré qu'elle évoluait à 16 images secondes.

Elle chantait en play-back sur la voix de l'Ange Bleu. Elle aurait aimé que vous la voyiez, à cet instant, M. Josef von Sternberg.

Elle se mit à fredonner devant sa coiffeuse :

Don't try to change my way.
Look me over closely

Tous les soirs, la neige tombait sur ses épaules. Elle s'avançait couverte d'une cape rehaussée d'un renard argenté. Les soldats allemands la fusillaient sur scène. Ou bien, coiffée d'un chapeau huit reflets, elle smokait une blonde au bout d'un long fume-cigarette. Son derrière était juché sur un tonneau de bière. Les types du premier rang regardaient sa jarretière mauve en buvant du champ à 15 000 balles. Elle, Peggy, la paupière vague, la bouche en cœur, était la Vamp et elle vendait du rêve aux gogos.

Sa voix devenait jardin de rocailles. Les applaudissements crépitaient. Indifférente, elle s'enrobait de fumée outremer. Elle annonçait in English :

— The last song... so, this is the last one and the ine-vi-ta-ble one... Falling in love again !

Le silence se creusait à part quelques bravos sur les premières paroles. Elle fermait les yeux, Marlène prenait le relais :

> *Falling in love again*
> *Never wanted to...*
> *What am I to do ?*
> *I can't help it,*
> *I can't help it.*

Vraiment, Peggy était Marlène à l'intérieur d'elle-même. Elle l'était complètement. Pas tout à fait réelle — mirage d'un souvenir, jouissance d'être érotique, désirée, fabuleuse.

> *Love always'been my game*
> *Play it how I made*
> *I was made that way*
> *I can't help it !*

Et elle existait.

Quand elle n'était pas l'Ange Bleu, Peggy était autre chose. C'était ça, son secret. Sa petite valise une fois bouclée, elle se fit un clin d'œil dans la glace qu'elle se rendit aussitôt.

Elle sortit.

Sur le palier, elle rencontra Julie-Berthe. La gamine était seule dans la pénombre. Accroupie près d'un pot de fleurs.

— Bonjour, Julie. Qu'est-ce que tu fais là ?

— Z'attends que Zuzu rentre. Y a personne à la casa. J'ai envie de faire pipi...

— Tu en as de jolies fleurs !

— Voui. C'est un cadeau. Alcide me les a offertes... Qu'esse que z'ai envie de faire pipi...

— Entre deux minutes chez moi. Tu sais où est le petit coin ?

— Voui. Merci mademoiselle.

Elle entra dans l'appartement. Peggy resta seule avec le pot de fleurs. Elle enfila ses gants. Puis son attention se reporta sur les azalées. Elle écarta l'emballage et s'aperçut qu'il y avait une enveloppe. Elle l'ouvrit. Elle en lut soigneusement le texte. Elle en resta toute rêveuse. Vite, elle remit l'enveloppe à sa place. Derrière elle la porte de l'appartement claqua. Elle se redressa. Elle dit :

— Qu'est-ce qu'elles sont belles, tes fleurs !

— Voui. Ça va mieux... Oh dis donc, ça va mieux... R'heusement que vous m'avez dépannée, z'aurais pas tenu le coup !

Julie-Berthe enchaîna par :

— Tu sais, Billy-ze-Kick est arrivé. Fais gaffe, ma vieille. Il a truqué une mariée.

Et elle raconta tout ce qu'elle avait entendu dire à la maison. Tout de A comme Alcide à Z comme Zulie-Berthe. Peggy s'intéressa, se fit donner des détails. Elle jeta un coup d'œil en biais au pot de fleurs, elle dit :

— Billy est un type formidable.

— Voui, conclut Julie-Berthe en claquant des doigts, et c'est pas fini... Vous zallez voir.

Peggy répondit qu'elle prêchait une convaincue. A ce moment-là, le téléphone se mit à sonner à l'intérieur de l'appartement Chapeau. Elles se firent signe que, vraiment, elles n'y pouvaient rien puisque c'était fermé.

Peggy prit l'ascenseur et aussitôt sur le trottoir commença à courir, vite mélangée à la ville.

Julie-Berthe resta seule sur le palier.

Elle s'ennuyait ferme, lorsqu'elle vit passer une fourmi sur le dallage. Elle tira une craie de sa poche. Elle entoura la bestiole d'un cercle blanc. Elle voulait ainsi vérifier s'il est vrai qu'un insecte fait fictivement prisonnier n'ose pas s'évader.

— Ultimatum ! murmura-t-elle.

C'était un mot qu'elle avait appris la veille aux actualités télévisées. A propos d'une guerre en Afrique.

— Ultimatum ! répéta-t-elle.

UL-TI-MA-TUM ! Ou je te truque !

Puisque la fourmi ne bougeait pas, elle la martela de son morceau de craie. Elle la réduisit en bouillie avec application. Comme lorsqu'elle recopiait « ses mots composés » à l'école.

— Truquée, ma vieille ! s'exclama-t-elle.

D'avoir pincé les lèvres, ça lui avait donné chaud. Elle sortit son chemisier de sa jupe. Elle considéra son ventre et lui plongea le doigt dans l'œil.

— Cyclope ! chantonna-t-elle.

Si clope, six clops, cycle hop !
Elle pensa à Billy-ze-Kick.

— Qu'est-ce que ze donnerais pour être une grande personne ! soupira-t-elle en conclusion.

17

Eugène donna un coup de reins vers l'arrière. Il se remit le Tout dans la culotte.

Perplexe, Julie-la-Fête regardait le massacre des violettes. Les fleurettes ne se relèveraient jamais de ce qu'on leur avait conté. Elle soupira et se leva. La tête lui tournait. Elle s'essuya pensivement le grassouillet. Elle avait le feu aux joues. Son ventre, tout durci, lui faisait presque mal.

— Qu'est-ce que j' vous dois, Mâme Chapeau ? demanda Eugène.

— Tu ne me dois rien. Mais sois discret. J'y compte.

— Vous pouvez, Mâme Chapeau. Vous pouvez... Alors, vraiment, je n' vous dois pas un p'tit quelque chose ?

— Je ne peux pas te faire payer. T'es un voisin. Alors reviens pas trop souvent... mais reviens quand même. Parce que tu te défends. Les vrais hommes, c'est une récréation. Un entracte... Eugène, t'as été mon esquimeau, ma confiserie. Une nanimalie amoureuse...

— C'est pas d' ma faute, c'est ma nature, Mâme Chapeau !

Eugène dit cela simplement. C'était un modeste.

— Et puis, ne m'appelle pas — Mâme Chapeau — ça me flanque le bourdon.

— Ma Julie ! Mon sucre ! fondit Eugène, un rien sentimentoche... je peux te poser une question ?

— Pose ! On verra après.

— Pourquoi tu fais ça ? Pourquoi t'es dans les bois ?

Elle prit l'air rêveur. Le spleen lui allait comme un gant. Ah ! si seulement Marcel Azzola avait pu soutenir l'ambiance d'un ruisseau de musette, c'eût été encore plus expressif. C'eût été plus chou.

Les paupières en rideau, les cils en charmilles, la fouetteuse opéra une fermeture à l'iris.

— Parce que j' veux m'oublier. Tu peux pas savoir c' que c'est bon d' n' plus être soi-même... d'être quelqu'une d'autre. Tiens ! je vais t'avouer...

— Si vous voulez...

— Je veux ! C'est Super-Star que j'aurais voulu être ! Vedette, quoi ! Pour faire du cinoche. Pour jouer des rôles... Jolly Julie j' me s'rai appelée. J. J., comme B. B., comme C. C., comme tant d'autres qui posent pour le savon Lux. Au lieu de cela, je suis née à Angoulême et j'ai épousé Chapeau ! Une avanie, non ?

C'est le moment que mal choisit Edouard qui cherchait son pater pour déboucher à l'improviste de derrière un gros chêne. Foudroyé sur place par ce qu'il vit, il s'accroupit au milieu des glands. Un seul mot vint à l'esprit du rouquin. Comme il avait perdu sa mère, il murmura :

— Pâpâ !

18

Je m'appelle Clo pour Claudine et je suis plutôt mignonne. Je travaille au Prisunic. Je m'occupe du photomaton. C'est un travail propre. Je porte une blouse dessus et rien dessous. J'ai le teint clair parce que je suis une vraie rouquine. Ça veut dire que l'intérieur de mes cuisses est laiteux et que c'est surtout là que les clients regardent. Je vois leurs yeux entre les fentes du rideau. Ils gagnent du temps. Ils cherchent à voir quand je me penche. Ils cherchent leur monnaie. Les plus malins disent que la machine est détraquée. Quand c'est un vieux, je le bâcle. Je l'envoie aux pelotes. Mais quand c'est un beau garçon, je m'arrange toujours pour me frotter contre lui. Pour jouer. Le prétexte, c'est de lui prendre la tête pour la mettre droite ou de régler le siège tournant à la bonne hauteur.

Le jeune homme brun est venu trois fois, la semaine dernière. Il ressemble à Tony Curtis quand il était plus jeune. Des grands cils. Tout à fait mon type. On dirait qu'il l'a senti.

Six heures moins cinq : je commence à faire mouvement vers ma cabine pour me changer. J'enfile ma combinaison de cuir. Nous avons rendez-vous aux Flanades. C'est comme ça que s'appelle le nouveau centre de Loisirs qu'ils ont ouvert la semaine dernière. Tout un réseau de galeries souterraines. On se croirait à Paris. Ça ruisselle de fric. Il y a des magasins chics, des cafétérias, des self-services, des stands réservés aux gadgets, aux posters et aux disques. C'est vraiment in. Tous les jeunes y vont d'ailleurs. C'est plein de motards qui se rencontrent. Le point de chute en général, c'est devant la boutique pakistanaise. Les types, ils se font des têtes, mais des têtes — que c'en est pas vrai. Ils sont tous en cuir même s'ils chevauchent une mobylette ou un petit trial de rien du tout. C'est tout pour la frime. Ils prennent l'air ténébreux et traînent la botte en tenant un Intégral rouge sous le bras. C'est leur sac à main, à ces minets.

Mais ça ne prend pas. Avec moi, ça ne marche pas, la tchach. Tandis que mon jeune homme, je l'ai vu démarrer, l'autre jour. Il me suivait dans la rue. J'ai joué le jeu. J'ai fait semblant de ne pas le remarquer. Je le voyais dans mon rétro. Il faisait vraiment corps avec la machine. Il faut vous dire que je suis « motesse ». C'est le terme qu'on emploie pour parler des filles qui font de la bécane. Moi, j'ai une 500 Honda 4, équipée d'un double disque et de jantes Akront. Je me suis fait poser une selle à dosseret — une speed surbaissée pour pouvoir bien poser les pieds à terre.

Ce que je dis est peut-être un peu technique, mais c'est pour qu'on comprenne bien que je ne suis pas tout à fait une cloche. Eh bien lui, croyez, ne croyez pas, c'est une 750 Trident qu'il a sous le ventre. Et j'aime mieux vous dire que c'est pas du mécano : records de course et handicap Bol d'or 70 et 71. Rien que ça. Il ne fait pas de cadeau. Il dépote, il hurricane. Il m'a laissée sur place. WRRRWWRRRUMM ! J'ai laissé faire.

Le lendemain, il est revenu faire des photos. Je

l'ai attaqué bille en tête. On a parlé 2 roues. Et maintenant, je l'attends avec impatience.

Justement, le voilà.

Il me prend par la main comme si nous nous connaissions. Nous sortons des Flanades. C'est bon pour les tocards. Nous on est faits pour les espaces. Sa machine est garée près de la mienne.

— Tu me suis ? il demande.

Il a les plus beaux yeux du monde. Je ne réponds même pas. Je démarre sur les chapeaux de roues et je précède. Vingt secondes après, il est à ma hauteur. Oh Yeah ! je dresse mon pouce vers le ciel. Nous roulons de front. Derrière mon pléxi, je devine son sourire.

Soudain, il oblique vers un terrain vague. Je connais : il y a là une cabane en planches — tout au creux d'une sablière. Cinq minutes encore et le grondement de nos cylindres s'arrête. Les motos sont sur leurs béquilles. Guidon contre guidon.

— Elles font connaissance, me dit-il. Et c'est vrai, elles ont l'air d'embrouiller amicalement leurs rayons. Il s'assied. Je viens près de lui. Je tire sur ma fermeture éclair. Il me fixe sans rien dire. Il sait que je suis à sa merci. Je me sens douce et chaude. Il m'embrasse. Je vois des gerbes d'or sous mes paupières fermées : c'est le soleil qui essaie de se frayer un chemin au travers.

Il embrasse bien. Je deviens liquide. Je veux ça.

— Je veux que tu me le fasses. Voilà ce que je dis en perdant complètement les pédales. C'est moi qui baisse le zip de ma fermeture éclair. C'est moi qui guide sa main. Il me caresse. J'ai un peu de sueur sur le dessus des lèvres. Je les ferme et je les passe l'une sur l'autre. Je lui parle sur le souffle :

— Je ne sais même pas ton nom... Comment tu t'appelles ?

J'ouvre les mirettes en les voilant comme Sylvie. Il me regarde fixement. En gros plan je vois juste ses pupilles. C'est difficile de dire quelle expression il a sur le visage. Il répond :

— Je m'appelle Billy-ze-Kick.

Je referme les yeux. Je vois des points rouges comme des escarbilles qui danseraient au fond d'une chaudière. Oui, c'est du feu, du feu qui passe dans ma tête. D'abord, il est trop vif et puis, sans transition, il s'éteint brusquement.

Billy est en train de m'étrangler et je meurs sans un cri.

19

Comme il est six heures du soir, ze suis zété voir Mme Achère pour lui demander de m'ouvrir l'appartement. Z'en avais marre d'attendre dans le sombre. Faut dire qu'en plus, z'ai faim.

Les confitures dans l' n' yaourt, z'adore ça. Z'en suis à mon troisième pot. Ze sens mon estomac qui commence à se tendre. J'ai gros bidon. Faut que z'arrête. Ce serait plus raisonnable. Ze saute du tabouret, ze referme le frigo et ze réflessis.

C'est drôle, hein, il faut touzours que ze manze avant de coziter. Vice versa : de les penser longues, ça me donne une faim de loup. Un cercle, quoi. Z'ai le vice dans la peau.

C'est quand même chouette, ce qui m'arrive et zé suis une petite fille bénie des OUI-OUIS. (Les OUI-OUIS, c'est mes Dieux à moi.) Z'ai entre les mains un zouet extra. Un vrai cadeau de saint Nicolas.

Ze relis le papier que ze viens de trouver dans le pot d'azalées. Un message de Billy, adressé à moi, à moi toute seule. C'est écrit :

Chère Julie-Berthe,
Je suis près de toi. Partout et nulle part. Je te regarde dormir. Je suis prêt à t'obéir. Un mot de toi et j'exécuterai tes ordres. Désigne-moi qui tu veux tuer et tu verras ce sera fait. Ton dévoué Billy-ze-Kick.

Une merveille. Un rêve. Maintenant, c'est plus les fourmis, les zescargots, les sauterelles que ze vais truquer, c'est les zens. Et c'est bien plus chouette et youp la la ! Z'ai à ma disposition un assassin qui truque et des victimes. Mais des vraies, hein. Pas des fausses comme à la télé ou sur les zillustrés. Ze zoue avec des grandes personnes grandeur nature. Voulez-vous que ze vous dise ? Ze sens que si ce que z'envizage marsse, ze vais me payer du bon temps. Ze relis le papier. A entendre Billy z'ai qu'à souhaiter pour qu'il truque. Il faudrait d'abord que ze sasse qui est Billy. Pour passer ma commande.

Allez Zulie-Berthe, ze m'invective, sersse ! Sersse qui ça peut bien nêtre ! Remue-toi, godiche ! Reste pas là comme une buse !

Z'ose pas trop sortir au cas zoù Zuliette rentrerait. Zut, zut. Mais z'au fait, où qu'elle est ? Zamais là quand y faut. Tous les z'après-midi, elle fait la jeune fille. Moi, ze pipe pas mot à Chapeau, mon papa, mais Zuzu, elle ézagère. Faudra que ze fouille de ce côté-là. Elle aurait un zulot que ça m'épaterait pas. Peut-être bien même qu'elle polissonne. Faut rezeter aucune hypothèse. Donc, premier boulot : suivre Zuzu. Deuxième boulot : tirer au clair Hippo. Troisième boulot : surveiller mademoiselle. Ze sais pas pourquoi, mais ze subodore que la Peggy, elle n'est pas nickel-nickel. Avec tout ce que ze lui raconte, elle est aux premières loges. Elle a sûrement une vie secrète. Zamais là pendant la nuit. Touzours mystérieuse. Elle serait la maîtresse à Billy, ze serais pas surprise. Surprise outre mesure, ze veux dire.

Par qui ze commence ? Par elle évidemment puisse que c'est ce qu'il y a de plus près. Z'entrouvre la porte de l'appartement et ze zyeute dans le couloir. GLAMBADA ! Z'entends des pas dans l'escalier !

Ze sais pas pourquoi, l'instinct des z'enfants — ze me rezette en arrière et ze referme la porte. Ze regarde par le trou de la serrure et qui c'est que ze vois ? Mlle Spring qui rentre. Même qu'elle se dépêsse bigrement. Oh la la. Elle rentre chez z'elle. La porte claque. Z'entends distinctement qu'elle pousse un gros soupir.

A peine c'est fini que qu'est-ce que ze vois arriver quatre à quatre ? M. Chapeau, mon papa. Il a l'air vraiment flic. Y renifle.

Ze me redresse. Ze prends l'air petite fille modèle. Stupéfaction. Zuzez vous-mêmes, mon papa ne rentre pas chez nous. On dirait qu'y a pas de pain chez nous. N'y en n'a qu' chez la voisine. Toc toc, il frappe chez mademoiselle.

Là, ça m'intéresse. Ze rezyeute par le trou. Elle lui ouvre. Il demande :

— Je peux ? avec un doigt en l'air.

— Entrez, je vous en prie, répond-elle aussitôt.

La voix qu'elle se paye ! La voix qu'elle a ! Une merveille. La porte de l'appartement Spring se referme. Ze sors sur le palier et ze me pensse sur la serrure pour voir ce qui se passe entre eux.

Alors là. Alors là, on a beau avoir sept ans, ça secoue. Le carré blanc, ze vous prie ! Mon papa est tout rouze. Il triture son népi, sa moustasse et y tient Mlle Spring par la taille. Si ça continue, il va me traumatiser. Parole d'enfant malade. Il veut à tout prix l'embrasser. Y se conzestionne, y s'apoplecte, y va se péter les vaisseaux. Cochon ! Vieux salingue !

Ça couvait, ça couvait. Depuis huit zours, il lui tournait après. Ze savais que ça finirait mal. Décidément, en ce moment, toutes les chozes deviennent folles. Les chozes et les gens.

Alors, tant pis, z'interviens. Z'interrompts. Z'irrupte. Zuste quand Chapeau prend une zifle zigantesque.

Ze l'ai dézà dit, mademoiselle a une droite surprenante. Mon papa est çoqué. Un peu K.-O. Un peu groggy. Beaucoup penaud. C'est que ze suis devant lui et ze lui fais les gros zyeux et le signe du doigt que gare à lui.

Il ramasse son galure. Il passe d'un pied sur l'autre. Il susurre :

— Julie-Berthe ! Qu'est-ce que tu fais là ?

— Et toi ? ze réponds aussi tac.

— J'enquêtais. Je posais quelques questions à mademoiselle.

Ze lui rive son clou :

— Clovis, t'es qu'un cochon !

Ça détend tout le monde.

Peggy Spring pouffe. Elle s'étrangle de rire. Elle m'interroge :

— Il s'appelle Clovis, ton père ?

— Voui. Mais y s'en vante pas.

— Alors Roger ?

— C'était du bluff.

Déboulonnée l'idole de la police. Chapeau va sûrement me foutre une fessée ce soir. Pour le moment, il ne demande pas son reste.

— Excusez-moi, j'ai du travail, dit-il d'un ton plutôt sinistre. Il prend l'air Roger, ses clics, ses clacs et il s'en va.

Ze reste avec la Beauté.

Z'allais lui proposer un crime pour voir si elle avait des accointances avec Billy, quand, d'un seul coup, z'entends du çambard dans l'escalier. Glambada ! C'est Edouard, tout hors de lui-même.

— Viens ! Viens, j' te dis ! il me fait.

Ze me retourne vers Mlle Spring. Elle en perd pas une broque. Ze dis à Ed :

— Vas-y, tu peux parler devant elle. Z'ai rien à lui cacher.

— J' peux pas le dire... c'est au sujet de ta mère.

— Dis-le.

— Non. J' peux pas, j' te dis, c'est personnel.

— Parle, c'est un Nordre.

— T'auras voulu, ma vieille, dit Edouard. Et il éclate en sanglots.

— Alors ? Z'écoute ?

— T'auras voulu. Eh bien, ta mère, elle baise avec mon père !

Ça fait plouf dans l'atmosphère.

Peggy nous fait entrer chez elle. On écoute Edouard. Il nous dit où, quand, comment. On en est sur nos darrières. Trois à se regarder.

Quel coup du mauvais sort. Z'en pleurerais. Ma Zuzu salope, ze le supporte pas. Ze relève la tête. Ze me retire la culotte de la raie des fesses. Ze regarde mademoiselle le plus fixement que ze peux. Ze lui fais le coup des zyeux propres comme de la faïence :

— Vrai, z'articule dans le silence où z'entends une mousse voler, vrai — si Billy-ze-Kick existe — ze lui demande de truquer Zuzu, ma maman.

20

A la même heure, le bulldozer gronda et leva son bouclier menaçant sur la clôture d'Alcide.

Pedro, originaire de Galice, assura son casque et enclencha une manette. A petite vitesse, l'engin chenillé fit calmement sa route vers le muret. Il fit les derniers mètres comme si rien ne le pressait. Comme s'il était sûr de sa force.

Le ciré jaune du conducteur prit les reflets du soleil. Il manipula une nouvelle commande et le bouclier descendit au ras du sol. L'engin rugit de toutes ses entrailles et percuta perpendiculairement le petit rempart de brique. Il y eut un faible recul sur deux ou trois mètres mais la construction soutint le choc.

Le bull parut étonné qu'on lui résiste, prit un peu d'élan et percuta en force l'angle du portail. Le mur céda instantanément comme s'il s'était agi d'un simple jeu de construction. Une brèche se déchira dans un nuage de poussière. Pedro, qui était père de huit enfants, baissa ses lunettes de protection. Il n'avait plus tout à fait l'air d'un être humain. Il donnait plutôt l'impression d'être une pièce de la machine. Le grondement enfla démesurément.

Le bulldozer prit du champ, franchit l'obstacle et s'immobilisa.

L'explosion eut lieu aussitôt après. L'homme en ciré jaune s'éleva dans les airs comme un pantin. Une chenille se dégrafa. Elle se déplia lourdement tandis que tout un côté du véhicule se soulevait jusqu'à la verticale. Il resta bizarrement calé sur la tranche. Les innombrables chevaux-vapeurs continuaient à galoper, communiquant à la mécanique une rage impuissante. Le bull se mit lentement à tourner sur lui-même.

C'est à ce moment-là qu'on entendit toutes les vitres de tous les immeubles crépiter en une pluie claire. La terre et les briques retombèrent seulement après et il fit presque sombre.

Le premier piège d'Alcide venait de fonctionner.

Bilan : un mort et trois blessés.

21

L'entonnoir du monde moderne se rétrécit en passant par le Limousin. Quand la civilisation ressort dans les cailloux du Lot, c'est un goutte-à-goutte. L'eau elle-même se perd sous terre. On l'entend, on la devine au fond des grottes préhistoriques ou au bord des igues où quelquefois la charrue se plante.

La seule chose parisienne qui arrive jusqu'au Causse, c'est la télévision. On ne peut rien contre les ondes. Elles se promènent. C'est dans l'air, comme une maladie. Comme une foutaise. Comme une fatalité. On les capte au fond des maisons de pierre sèche : une voix qui parlerait d'en haut. Une espèce d'évangile en français. Une lucarne de 58 centimètres par laquelle les bergers regardent les hommes pressés de la ville qui se croisent sans se voir, sans se regarder. Ils sont gravés en pointillés sur des images dansantes toutes festonnées d'embouteillages incompréhensibles.

Ça fait parler.

Ça fait parler calmement en patois. Les mots du Quercy sont rudes. On dirait les pierres qui couvrent le sol. C'est un langage gris et rauque comme le pelage et la voix des chiens de moutons :

— Lou diablé me bire lou copel ! Le diable me retourne le chapeau ! s'exclama Firmin Marcenac en scrutant le Journal parlé.

Ils étaient tous devant un verre de prune. Le repas était fini. On avait trempé la soupe, fait chabrot, mangé une omelette aux truffes, englouti un confit d'oie, attaqué le petit salé, épuisé le plateau de cabécous et défoncé quatre bouteillons de Parnac. On en était au rot, à l'ail, à l'indigeste. Au feu de bois dans le Cantou.

Bellanger somnolait.

C'est alors que le speaker prit la voix grave et le débit rapide pour parler des incidents du quartier Latin. Ça avait matraqué ferme. De nombreux blessés parmi les manifestants.

Le commissaire pensa immédiatement à Michel, son fils. Une sourde angoisse se mit à lui gonfler l'estomac, à stopper sa digestion. Il eut un mauvais pressentiment. Une chouette hulula dehors, le confirmant dans ses craintes. Là-dessus, il remarqua que ses couverts étaient formés en croix et Firmin, dans un geste pour attraper son verre de dur, renversa la salière.

Aussitôt après, le journaliste se mit à parler de Billy-ze-Kick. Bellanger n'en croyait pas ses oreilles. On envoya en diapo la photo de l'inspecteur Chapeau. Une expression de triomphe sur le visage, blanchi par les éclairs des flashes, il semble au commissaire que son subordonné lui adressait personnellement un superbe pied de nez. Il pâlit. Marcenac se retourna vers lui :

— Macaréo ! c'est chez vous ça !

Comme il ne répondait pas, le brocanteur attrapa la bouteille de rouge et lui en versa une rasade :

— Per Jountès ! lou bi a de la birtu, dit-il. Ce qui voulait dire que par Jupiter le vin donne la force.

Charles Bellanger le but d'un trait.

22

Pute borgne ! L'inspecteur Chapeau s'était tellement énervé toute la journée qu'il avait les doigts jaunis de nicotine en rentrant le soir à la maison. Avec son coryza, il avait l'impression d'avoir un masque en carton-pâte à la place du visage. L'enquête en était au point zéro.

La mariée était une fille de Senlis. Origine modeste. Dactylo chez un notaire. Rien de ce côté. Elle avait connu son mari éphémère dans un bal. Un type complètement fallot. Famille de commerçants. Plomberie, équipements sanitaires. Magasin en ville. Le père était sur le point de prendre sa retraite. Il aurait cédé son affaire aux jeunes. Pas d'ennemis. Pas de mauvaises fréquentations. Des vies ternes, désertiques, à l'abri des surprises. Normalement, le couple aurait dû avoir un destin goudronné jusqu'à la mort. Ils auraient dû finir dans leur lit — cupides et nonagénaires.

Côté Hippo, ce putain de schizophrène s'était fait reprendre quelques heures après son évasion. Il était grimpé en haut d'un arbre et il avait provoqué un attroupement. Il se prenait pour un oiseau et prétendait s'envoler. On l'avait capturé comme un chat perché. Un pompier était monté en haut d'une échelle. Il avait parlé au dingue. Au bout de longues palabres, le sonné avait sauté dans le vide en criant :

— Vous n'aurez jamais Billy-ze-Kick!

Heureusement qu'on avait tendu une couverture en bas. On l'avait emmené au commissariat. Il s'était mis à chialer, à dire qu'il était un raté. Et ça avait soulagé Clovis, parce que si ce foutriquet avait été l'assassin de la mariée, il aurait été contrarié. C'est qu'il voulait un meurtrier qui ait de l'envergure. Une idée maintenant fermement ancrée dans sa caboche. Il n'était pas question qu'il arrête un minable. Billy ne devait pas décevoir. Surtout avec tout le ramdam qu'il avait déclenché. Presse, TV et Cie y mettaient du cœur joie. Chapeau voulait une affaire qui ait de la classe, de la tenue. Il voulait une chasse à l'homme, du sang, qu'on reconnaisse ses mérites publiquement.

Il réunit sa famille dans le living. Il tritura sa moustache pour bien montrer qu'il ne plaisantait pas. Il se moucha. Il se haussa sur la pointe des pieds pour paraître plus grand. Hargneux, il attaqua :

— Qu'est-ce qu'on bouffe, ce soir ?

— Je t'ai fait des crêpes au fromage. Du Findus, si tu vois, dit Juliette d'une voix lasse.

— Encore du surgelé ?

— La petite aime ça.

— On mange plus jamais de plats cuisinés.

— Je voudrais t'y voir! Tu as envie de passer ta vie au-dessus des fourneaux, toi ?

— La cuisinière est électrique!

(Il était blessé dans son orgueil car il venait à peine de finir d'en payer les traites.)

— Et les parquets, tu les fais ? batailla Juliette pour se sauver la mise.

— La cireuse est électrique!

— Et les courses ?
— Tu descends et tu as le Prisu à ta porte...
— Et en plus, le soir, il faut être soignée, disponible ! Merci bien !
— Tu n'as que ça à faire... Où étais-tu, cet après-midi ?
— Je n'ai pas bougé... j'ai dégivré le frigo.

Alors là, elle mentait. Il avait appelé trois fois au téléphone. Sûr, elle n'était pas là. Il n'insista pas. Il faudrait qu'il regarde de ce côté-là. Soudain, il se sentit très fatigué. Ça faisait beaucoup tout cela. Il se tourna vers la gamine :

— Et toi, Julie-Berthe ? Où étais-tu ?
— Ze suis z'allée chez Zalcide.

On attaqua les crêpes en silence. Refroidies, elles étaient un tantinet caillées. Dégueu-gueu. Chapeau se moucha. Il avait les fosses nasales complètement irritées. Il avait réservé ses effets pour le dessert. Il sortit le journal du soir de dessous sa serviette. Il le déplia sur la table. Le titre à la une, juste après le récit des manifs, c'était : Un tueur terrorise une ville : Billy-ze-Kick frappera-t-il à nouveau ?

La tribu ouvrit de grands yeux attentifs. Les deux chères têtes s'absorbèrent dans la lecture, Juliette la releva la première. Elle regardait Chapeau avec l'œil de velours :

— Minou, tu es très chouette sur la photo.

Et c'était vrai, il était avantagé. Il était pris dans le mouvement en train de brandir la feuille de papier où s'étalait la signature du meurtrier. A côté, il y avait un agrandissement du manuscrit et une étude graphologique. On parlait de perversion sexuelle.

Julie-Berthe ne semblait pas se résoudre à

parler. Clovis ne la quittait pas des yeux. La rouquine écoutait sa mère qui voyait tout de suite l'aspect pratique de la situation.

— C'est l'affaire de ta vie, minou ! Tu vas être célèbre si tu l'arrêtes ! Bellanger va en attraper la jaunisse !

Là, Julie-Berthe intervint. Elle se leva et se planta devant son père. Elle fulmigassait.

— Tu l'auras zamais, Billy-ze-Kick !
— Et pourquoi, s'il te plaît ?
— Passe que.

Ils s'affrontèrent en un duel de regards fixes. La petite ne broncha pas. Elle savait qu'elle tenait Clovis depuis la séance chez Peggy Spring. Elle répéta, catégorique :

— Passe que c'est impossible.
— Et pourquoi, je te prie ?
— Dans l'histoire, il est invincible.

Juliette intervint à son tour :

— Mais ce n'est plus pour de rire, maintenant. C'est pour de vrai. Et pour de vrai, papa va gagner.
— Non !
— Mais si.
— Mais non.

Pour mieux se faire comprendre, elle s'avança vers Clovis et lui balança un coup de pied dans l'os du tibia.

Un ange passa. Il fit le tour du cadran en une minute. Juliette restait plantée devant la baie vitrée. Elle regardait les lumières de la Ville. Les façades étaient comme des cartes perforées. Seules les cuisines et les livings étaient allumés. Dans une heure, ce serait les w.-c. et les chambres à coucher. Plus tard, il ne resterait que l'éclairage de routine et les veilleuses au creux des escaliers.

Elle se retourna :

— Mais... au fait... Comment l'assassin savait-il que Billy-ze-Kick existait ? Car enfin, il n'existait que pour nous. Je veux dire pour notre famille...

— C'est ce que je voulais te faire dire, rugit Clovis. Qui ? Qui d'entre nous trois a parlé de Billy ? Qui a donné cette idée à un tordu ?

Juliette se mordit les lèvres. Elle pensait à sa secrète clientèle. Il fallait bien meubler les converses au coin des bois. Humaniser les contacts. Souvent elle parlait de sa petite fille à ceux qui racontaient leurs familles, leurs problèmes. Entre gens qui ne se demandent rien, il y a des rapports de grande liberté. C'est un peu ça qu'elle aimait, Juliette. L'aspect psychologique de son tapin. Une pute c'est un peu comme un médecin, comme un confesseur. Les types lui racontaient tout. Alors elle aussi. Souvent on allait à la guinguette, on prenait un blanc-cass, on parlait de la pluie, du beau temps, de la vie chère. Après, on sortait les portefeuilles. On se montrait la photo des enfants. On parlait de Billy. Ça distrayait : ça faisait passer l'odeur des frites.

Et si c'était elle qui avait donné l'idée à un fou ? A un déséquilibré ? Elle avait peut-être été dans les bras de l'assassin ? Ou elle y retournerait ? De quoi paniquer, non ? Elle frissonna et dit :

— De toute façon, ce n'est pas moi. Je ne sors jamais. Je ne vois personne.

Julie-Berthe se gratta la fesse au travers de sa culotte Petit Bateau.

— Moi, z'en parle souvent de Billy. Y a plein de zens qui le connaissent. Z'y ai touzours cru. Surtout maintenant.

— Pourquoi surtout maintenant ?

— D'abord, passe que c'est sur le zournal. Ensuite passe que Billy y m'a écrit une bafouille.

— Il t'a écrit ?

Chapeau n'en croyait pas ses oreilles.

— Han, han. Pas plus tard que cet après-midi.

Elle tendit à l'improviste son petit derrière dans le sens contraire de la marche et vibura vers sa chambrette. Clovis lui fila le train v grand V. Elle lui montra le pot d'azalées :

— C'était là n'd'dans.

Elle courut à sa commode, ouvrit le tiroir et lui tendit une feuille de papier pliée en quatre.

Les yeux injectés de l'inspecteur roulèrent dans ses orbites ; ce n'était pas la même écriture que sur le premier message. Il y aurait donc plusieurs Billy. Ou des complicités ? Il regarda la petite fille. Il déchiffra sa frimousse. Il passa rapidement d'une tache de rousseur à l'autre.

— Où as-tu pris ce pot de fleurs ?

— C'est Alcide qui me l'a donné avant de partir.

— De partir ?

— Voui. Il m'a dit qu'il s'absentait pour longtemps. Il m'a dit aussi qu'il connaissait Billy-ze-Kick.

A ce moment même, coup de téléphone.

L'inspecteur bondit sur l'ébonite.

— Chapeau ! J'écoute !

— Patron ? Hips ! Cordier à l'appareil, hips !

— Vous avez encore lu cette saleté de merde de *Charly-Hebdo* ?

— Oui. Hips ! Mais c'est pas pour ça que j'appelle... Entre deux spasmes, l'O. P. Cordier dit pourquoi il phonait à cette heure tardive.

Chapeau hurla que Bon Dieu de quelque chose d'ignoble et qu'il arrivait dans cinq minutes.

23

Ce type-là, Cordier, vraiment, vraiment, Clovis ne pouvait pas le piffer. Il attendait au milieu des ruines encore fumantes du pavillon avec un bouquet de tulipes au poing. Il s'était dessiné sur le menton un sourire des plus horripilants. On aurait juré qu'il était ravi de faire visiter ce gâchis. Il mit l'inspecteur au courant avec une extrême complaisance. C'était sa gué-guerre, son histoire à mourir de rire. Il piétinait les gravats avec extase. Il se penchait ici, il ramassait là des briques et des ferrailles tordues. Il s'enfonçait, il barbotait dans l'entonnoir creusé par la charge d'explosifs.

— Un cratère ! Un chef-d'œuvre ! Par ici, inspecteur, suivez le guide !

— Et le conducteur du bull ?

— Ad patres !

— Des blessés ?

— Yes, Sir ! Mais, rassurez-vous — tous des travailleurs immigrés.

Une allusion perfide aux opinions émises par Clovis.

— Et alors ? C'est quand même pas de ma faute ?

— No, Sir. C'est la société qui est en cause, Sir !

— Z'avez fouillé le pavillon ? Où est Alcide ?

L'O. P. Cordier siffla deux agents qui prenaient l'air absent, embêté et indifférent tout en ne perdant pas une broque de l'abominable converse. Ils suivirent Cordier comme deux totons. Lui s'éloignait, ses longs cheveux voletant sur la ligne de ses épaules voûtées. Clovis remarqua pour la première fois qu'il était très grand. Une raison de plus pour le détester. Il nota aussi que *Charly-Hebdo* dépassait de sa poche revolver. Il n'avait pas lâché son bouquet de fleurs. Sans bien savoir pourquoi, Chapeau lui glapit :

— Cordier ! Vous avez l'air ridicule !

L'autre se retourna. Il prit l'air incrédule. Releva une mèche.

— Pas possible, Sir !

Un clown, ce mec. Pas un flic. La nouvelle génération, vraiment exaspérante.

— Si ! Et le ridicule tue !

L'O. P. Cordier haussa les épaules et poursuivit son chemin. Il avait trouvé son supérieur indigne — trop con pour qu'on lui réponde.

C'en fut trop. Clovis se mit à le haïr avec force, avec télépathie, à souhaiter sa mort immédiate.

A ce moment précis, l'O. P. Cordier ouvrit la porte du pavillon et s'envola dans les airs. Pulvérisé. La maison se déchira, l'onde de choc déferla comme un mascaret et Chapeau se retrouva cul par-dessus tête. En un clin d'œil, des barricades de poutres, de briques se dressèrent. Bilan : deux morts et un blessé.

Clovis se redressa, hébété. Sa mâchoire inférieure remonta lentement à la rencontre de l'autre. La baraque était un petit tas. Cordier était devenu nuage. Un des flics dépassait juste de la main. Le reste de lui — sa gidouille, son baudrier, ses jambes, était enfoui dans les ruines. Mais ce qui parut le plus surnaturel à Chapeau, ce fut le comportement du deuxième agent. Il était plutôt corpulent et pas agile d'habitude. Mais là, il courait dans tous les sens. Il portait la main à sa tête. Il farfouillait sous toutes les pierres, toutes les poutres... Il allait, il venait, il reniflait. Il se mettait à quatre pattes et en même temps, il gueulait :

— Merde ! Mon oreille ! mon oreille ! où qu'c'est-y qu'elle est ?

Tout le monde courut vers lui. On braqua les phares des bagnoles sur le fouillis inextricable. La moindre bosse prenait des reliefs ténébreux. Le flic courait. Le sang lui faisait le profil rouge. Il les écarta :

— Faites gaffe ! Marchez pas dessus !

C'est de son cartilage qu'il parlait, cet homme. De son oreille droite. Il y en eut un assez con pour la lui retrouver. Elle était pleine de plâtre. On l'épousseta. Machinalement, un gus l'essaya sur le gros. Oui, c'était bien la sienne. Et puis, les secours arrivèrent dare-dare. On embarqua le blessé. On dégagea le mort. On ne retrouva pas l'O. P. Cordier. Pas une goutte, pas une miette.

Clovis leva la tête. La maisonnette s'était ouverte comme une tranche de gruyère. Les pièces offraient en coupe leur panade-vision.

L'escalier semblait intact. Il revolvait jusqu'à la chambre à coucher. Suspendue dans le vide, elle exhibait un mobilier Lévitan style 1937. Placage acajou. (A noter deux lampes de Gallé qui n'avaient pas trop souffert — il paraît que ça vaut plein de fric de nos jours.)

Clovis désigna du menton l'armoire à glace dont la porte s'était ouverte. Dans l'encadrement s'inscrivait le corps d'un homme sans tête. Il était resté debout, raidi par la mort.

— Un volontaire pour aller là-haut! brama-t-il.

Jamais vu un manque d'enthousiasme pareil. La brigade décimée baissa la tête. Les héros étaient fatigués. La mort, il faut le temps de s'y habituer. Et depuis vingt-quatre heures, ça n'arrêtait pas.

Clovis n'insista pas. Il tira trois fois sur sa moustache. Et il commença à grimper. L'Exemple, il n'y avait que cela. Le parquet grinçait. Il avait chaud. Il remarqua la lumière jaune des phares sur ses godasses, deux engins de locomotion qu'il guidait, qu'il lançait en éclaireurs vers un destin inconnu. Allait-il sauter? Retomber en gouttelettes de sang? Eclabousser les autres? Il transpirait comme un démineur et se paya une halte sur le palier. La sueur coulait le long de ses jambes. La volée de marches se mit alors à osciller sous son poids. Clovis prenait du gîte à trois mètres d'altitude. Un grincement plus soutenu, et, d'instinct, il sauta dans la salle à manger — juste au moment où tout s'écroulait. Il disparut aux yeux des protagos, absorbé par un épais et lent champignon de plâtre qui se développa vers le haut.

— Mururoa ! murmura-t-il. Il éternua plusieurs fois. La fumée se dissipa.

Alcide apparut.

Il tenait entre ses mains crispées un fusil de chasse. Un Darne à culasse. Calibre 12. Plus de tête, Alcide. Il s'était trucidé gaiement. Avec empressement, s'in-petta Clovis. La boîte crânienne faisait marqueterie au fond de l'armoire, qui elle-même faisait passoire sur un coin de ciel noir. Il se mit en devoir de fouiller les poches du macchabée. Une montre arrêtée, un opinel, deux brins de raphia, quelques pièces de monnaie et un tire-jus. Et surtout, une enveloppe. Rien dessus. Il la décacheta. Tapé à la machine, il lut :
MERDE A LA SOCIETE. MERDE A CELUI QUI LE LIRA. MORT AUX CONS. PLUSIEURS MERDES DE TOUTES LES COULEURS. CREVEZ SOUS LES ETRONS. A BAS LE PROGRES. ET MAINTENANT, DEMERDEZ-VOUS, MERDEUX.

Et c'était signé BILLY-ZE-KICK.

Le choc était pénible. La pensée que ce vieux débris puisse être le héros de sa saga domestique révolta Clovis jusqu'au tréfonds de lui-même. Impossible. Trop minable. Sans plus réfléchir, il empocha la lettre et fit disparaître ce qui risquait d'être la conclusion de son enquête. Il refusait que les choses s'arrêtent là. Sur le moment, il analysa mal ce qui le poussait en somme à devenir le complice de son criminel préféré.

Pendant ce temps-là, les flics s'étaient remués. Les pompiers étaient arrivés. On dressa une échelle. Il descendit.

— Bravo, chef, lui dit le brigadier.

Il fit celui qui n'avait pas entendu. Tout le

monde redevint courageux. C'était ça, la vertu de l'Exemple.

Clovis pavoisa. Il hissa les couleurs. Il grand-vergua. Le respect se lisait sur les visages.

A ce moment, une estafette de la Gendarmerie arriva. Un pandore en descendit. Il se figea au garde-à-vous. Il articula en regardant la Ligne Bleue :

— Inspecteur, mes hommes viennent de trouver un cadavre. Du sexe féminin. Vingt ans environ. Etranglée, Violée. Crime de sadique. A noter un graffito au feutre rouge sur l'abdomen de la victime. Ecriture lettres-bâtons. Signature : Billy-Ze-Kick. Je me suis permis...

Le cogne se détourna furtivement. Petits yeux noirs. Gros tarin. Accent du sud-ouest. Il se rengorgea, quêta le compliment.

Clovis ne mouffeta pas. Pas un muscle de son visage ne trahit sa joie secrète. Billy continuait sa route. En tout cas ce n'était pas Alcide. Tout allait en se compliquant. Tout allait se développer en une gigantesque affaire. Depuis le début, il en était secrètement persuadé.

Il prit une expression sans humour pour fixer le gendarme tétanisé par le garde-à-lui :

— Un graffito, hein ? demanda-t-il presque gaiement.

— Affirmatif.

Histoire de le vexer, Clovis lui lâcha une vanne :

— Vous êtes Corse ?

— Que non ! bondit le cogne. Millo Diou ! Je suis de Figeac !

Et il parut très abattu qu'on ait pu le suspecter.

24

A c't' heure, Charlot Bellanger refoulait du goulot et bobinait du colon avec enflure du pancréas et tortillon dans le grêle tripou tellement son épicurien dîner s'avérait difficultueux à sucdigestiver.

Au fond de son lit-bateau, navigateur solitaire, il finit par recracher du plancton dans son vase de nuit puis sombra dans un sommeil plus voisin du coma que du réparateur.

Il entrouvrit de noirs horizons. Chapeau lui fusait des grimaces tous les deux ronflements et les C.R.S., en un long défilé casqué, s'inclinaient sur le corps de son fils Michel, puis lui assenaient un han-coup de matraque sur la tronche sanguinolo-pendouillante. Après quoi, Léon le lézard vert crachait le feu et Chapeau applaudissait et ainsi de suite soit-il.

Il se réveilla en sursaut.

Il absorba contrexéville. Ayant fait eau neuve, il essuya la transpiration qui le refroidissait et entrepris de se raisonner.

Il restait un petit carré de blanc-bleu. C'était Gabrielle. Ce soir, il irait au bal. Après, elle lui ferait visiter sa maison. Elle l'avait promis avec l'air gourmand. Elle avait dit :

— Vous goûterez à ma tarte Tatin.

Il se rendormit sur cette ravigote pensée. C'est

alors qu'un nouveau cauchemar s'installa : Gabrielle arrivait au bal habillée en mariée. Elle lui tendait les bras. Il fermait les yeux. Il l'étreignait passionnément. Il reculait en hurlant de douleur, les lèvres bardées d'épines noires. Il rouvrait les paupières. Gabrielle Montauzin lui demandait avec autorité :

— Eh bien quoi Charles ? Est-ce que la moustache vous déplairait ?

C'est vers la même plombe de nuit farce et attrape qu'Hippo le Schizo, ayant assommé son infirmière de garde, atteignit la achélème.

Il se glissa sans bruit dans l'immeuble et, n'ayant rencontré personne, se rendit à la cave des Piedzack. Il s'y installa derrière des casiers à bouteilles. Etendu sur un matelas réformé à tout crin, il somnola en pensant à Julie-Berthe. Il serrait entre ses bras sa carabine. Au tout début de son sommeil naturel, il eut nettement l'impression que son sexe grandissait.

Edouard, sûr qu'Eugène ronflettait, descendit à la cave. Le schizo prit l'air mystérieux et lui demanda d'aller quérir Julie-Berthe.

Elle arriva tap, tap, tap, prenant bien soin de tourner ses souliers vernis vers l'extérieur, comme sur le catalogue des trois Suisses.

Hippo lui tira la révérence :

— Je t'attendais, Julie. Tu es tout à fait en beauté.

— Ce n'est pas vrai, ze suis mosse. Z'ai eu une zournée affreuse. Z'ai attendu maman tout l'après-midi et après, z'ai appris sur elle des çozes contrariantes. Après, papa a fait une scène. Il est reparti comme une Nappolo. En outre, z'ai manzé trop de n'yaourts. Z'ai le teint tout brouillé. Après la télé m'a fatigué les zyeux. On ne devrait pas veiller, même à mon nâze...

Hippo lui tendit sa cravate pour qu'elle l'attire à lui :

— Non, Hippo. Ne sois pas fâché... ze ne t'embrasse pas. Ze suis trop laide. La saleur n'a rien arranzé.

— Julie-Berthe ! Tu as encore bouffé des bonbons !

— Oh, zuste deux ou quatre... ze ne sais plus zexactement.

— Tu sais, j'ai eu beaucoup de mal pour venir te voir. Ils m'avaient enfermé à clef.

Ed mêla son grain :

— Pour toi, c'est pas bien difficile, chef. Pour Billy, rien n'est impossible !

Julie-Berthe se retourna contre lui comme une furie :

— C'est pas lui, Billy ! Hein, que c'est pas toi, Hippo ?

— He, he, c'est selon...

— Peuh ! C'est même pas toi ! C'est mademoiselle. Z'ai cozité.

Ed était persuadé du contraire :

— C'est pas mademoiselle. A preuve : Billy y viole. Mademoiselle, elle peut pas ! C'est une fille.

— Z'en suis pas si sûre. Tant que z'aurai pas vu sa zézette.

— En tout cas, Hippo, il est dangereux. Pas vrai, chef ? Hein que t'es dangereux. Au poste, ils l'ont dit. Tout le monde pense que tu peux tuer comme un rien.

— C'est vrai ça, reconnut le schizophrène, et il remonta ses lunettes sur son alpestre tarin.

— Bref, dit Julie-Berthe — si tu ne m'offres pas la bague que tu m'as promise, je ne t'aimerai plus. Ce sera physique, donc plus fort que moi.

— Je la ferai voler par un de mes hommes, promit Hippo en s'essuyant les paumes sur son gilet de laine.

— Ne vole pas n'importe quoi, je te prie, et surtout pas de la camelote. Dans les surprises, les bagues sont affreuses. C'est du toc. Z'en voudrais une comme celle de la Chanteuse.

— La Karapian ?

— Voui. La Karapian.

— Très bien, dit Hippo et se tournant vers Edouard : Ed, je te chargerai de ce holp-up.

— Compte sur moi, rosit de plaisir le rouquin et il s'esquiva par discrétion — aussi pour faire le guet et que personne ne vienne déranger son chef bien-aimé.

Julie-Berthe devint soudain coquette.

— Ze te préviens, Hippo, quand ze serai grande, ze rentrerai tard. Comme ma mère. Ze te préviens, z'aime mieux te prévenir, il faudra que tu sois patient.

— Je le serai. Je t'attendrai sagement. Nous aurons un grand ascenseur très très confortable. Ça me sera plus facile.

— Avec une cheminée ?

— Oui. Et je serai devant le feu quand tu rentreras.

— Tu ne diras vraiment rien de désobligeant si ze rentre à minuit tous les soirs ?

— Non. Non, rien. D'ailleurs, je casserai ma montre pour ne pas savoir l'heure.

— Très bien. Pour te récompenser nous zallons faire un tour d'ascenseur. Tu veux ou tu veux pas ?

— C'est dangereux. Ils risquent de me reprendre.

— Si tu es Billy, tu n'as peur de rien. C'est comme ça dans l'histoire, fit-elle remarquer méchamment.

Ses yeux se rapprochaient, dans ces cas extrêmes. Elle louchait presque.

— Alors, allons-y, capitula le grand jeune homme.

Ils s'engouffrèrent dans la cabine et la bloquèrent entre deux étages comme d'habitude. Aussitôt, la chaleur devint intolérable. La petite fille, assise sur le strapontin, remonta sa jupe. Hippo se sentit mal à l'aise.

— N'oublie pas que tu m'as aussi promis que nouse aurions un arbre pour les grandes vacances.

— Je ne l'oublie pas. (Il était hypnotisé par ses cuisses duveteuses.) Cet arbre pousse en ce moment même dans une grande forêt de l'Amérique du Sud.

— C'est un quoi ?

— Un nom que je n'ai pas pu retenir. J'ai dû engager un jardinier spécialement. Il l'arrose trois fois par jour.

— Tu es sûr que tu peux compter sur lui ?

— Oui. Car c'est un Indien. Il est fidèle à sa parole et très attaché à ma personne. Là-bas, on respecte Billy.

— Comment s'appelle-t-il ?

— Il se nomme El Chino. Pour éloigner les orages, il plante sa machette dans la terre et parle aux nuages.

— Et alors ?

— Alors, l'orage s'en va ailleurs. Là où il lui dit d'aller.

— Il faudra qu'il dorme au pied de notre arbre. De cette façon, ze n'aurai plus peur des orazes.

— Je paierai son voyage au Chino. Il couchera dans un hamac, au pied de notre maison.

— Il faudra aussi avoir un sien. Zaune. Z'y tiens beaucoup. Un sien féroce. Et ze ne veux pas que ta mère nous zembête, qu'elle se torde les bras dès qu'elle me voit.

— Ma mère ne viendra pas nous importuner. Je ne lui permettrai pas. D'ailleurs, je déteste ma mère.

— Si tu es Billy, tu n'as qu'à la truquer. Clovis, mon papa, dit que tu devrais te débarrasser du ventre de ta mère.

— Je la tuerai.

— Ah ! z'oubliais ! Grand-mère-aïeule, grand-mère quoi, a téléphoné hier soir. Aïeule veut m'emmener à Angoulême. Moi, ze veux pas z'y aller. Elle dit que tu es truqué. Fou, si tu préfères.

— Il faudrait tuer toutes les aïeules.

— D'accord. Moi ze m'occuperai d'Aïeule. Toi, tu te charzeras du reste. Tu devrais marquer tout ça sur un carnet. Marque : bague, mère, Indien et sien Zaune.

Hippo sortit son canif au violon. Il tailla son crayon. Il écrivit tous ces mots très soigneusement. Julie-Berthe le regarda faire. Quand ce fut fini, elle devint très sérieuse. Elle dit :

— Il faut que ze rentre avant que Chapeau revienne. Mais zavant de se séparer, ze veux te dire quelque çoze de grave. Alors, pouce ! Ze zoue plus ! Voilà : si tu es vraiment Billy-ze-Kick — ce que ze crois pas — mais z'on sait zamais — il faut que tu tues ma maman. Juliette, elle a fait des grosses bêtises. Ze te préviens, z'ai dit la même çoze à Mademoiselle. C'est un concours de crime, quoi. Çui qui le fera le premier, aura gagné. Ça sera lui, Billy-ze-Kick.

Elle avait repris ses yeux de poupée en celluloïd. Ell avait un front buté de petit baigneur. Hippo sentit ses mains devenir moites. La fillette glapit d'une voix de tête :

— UL-TI-MA-TUM !
Et bâilla de sommeil.

25

Mince déjà minuit moins n'quart quand Chapeau rentra chez lui en sifflotant. Ces crimes étaient de plus en plus insolubles. Il s'en rějouissait tout à fait. S'il arrivait à démêler tout cela, il serait — officiel — un super-crac.

Il prit l'escalier pour ne pas risquer de rencontrer Eugène. On ne sait jamais. En passant au 5e, il s'arrêta. Il regarda par le trou de la serrure et vit la mère d'Hippolyte qui se tordait les bras devant Inf 2 dernière. Il acheva de grimper chez lui d'une seule traite. Il souffla avant de rentrer afin d'avoir l'air martial.

Il trouva Julie-Berthe, les mains tachées d'aquarelle. Elle venait de dessiner un arbre. Juliette fit son apparition dans le living. Elle lui parut fatiguée. Ils passèrent de nouveau à table. Elle avait préparé « un n'en-cas », histoire de rebecqueter l'algarade au sujet de la bouffe. C'était du jambon blanc et des yaourts. Tristouille mais bien intentionné. Chapeau apprécia.

Au 9e étage, Ed, juché sur une chaise, brouillait des œufs. Eugène s'était réveillé avec la fringale. Il alla remiser son autobus et vérifier le niveau d'huile. Dans l'ascenseur, son humeur s'assombrit à la lecture des cochoncetés qu'il y lut et qui le concernaient. Il les effaça.

En revenant du garage, il tomba sur Peggy Spring. Aussitôt, il dégrafa sa chemise et eut une bouffée. Celle-là, nom d'un Jésus, lui faisait aussi grimper la tension. Ils voyagèrent ensemble. Elle l'intimidait. Il baissa les paupières. Elle le dévisageait gravement. C'était rare qu'une femme osât regarder Eugène dans les yeux. Il s'en fit la réflexion.

Juste comme l'ascenseur s'arrêtait, sans qu'un seul mot fût prononcé, elle s'avança vers lui. Il sentit son souffle. Il frissonna. Elle venait de toucher furtivement ses pectoraux. Il essaya de la retenir. Elle avait déjà disparu. La cabine reprit sa course.

Eugène s'essuya la fourrure d'une main dubitative. Il constata qu'il avait faim. Il se regarda dans la glace. Il chercha à se trouver quelque chose. Il ne se trouva rien.

— C'est pas d' ma faute ! J' les attire ! C'est ma nature ! se consola-t-il avec bon sens. Et il éclata de rire jusqu'à ses œufs brouillés.

A quelques mètres sous lui, Juliette regardait Clovis. Il ne pensait qu'à son enquête. Il mâchait nerveusement. Elle le compara à Eugène et le trouva bigrement scrofuleux. Elle se mit à le détester ferme.

Elle se leva de table et alla coucher Julie-Berthe. La gamine ne se fit pas prier. Elle refusa d'embrasser sa mère. A peine bordée, elle enfila une bague de Prisunic à son index, prononça une phrase magique et galopa en plein sommeil. Elle rejoignit Billy-ze-Kick qui l'attendait sur un arbre. Tantôt, il ressemblait à Hippo, tantôt à Peggy Spring. Ce fut la cause d'un sommeil agité.

Juliette gagna la chambre conjugale.

Chapeau l'y avait précédée. Il était au lit. Il la regarda venir et changea d'expression. La télé arrosait la pièce des derniers flashes publicitaires. Il s'agissait de camping et de caravaning. Il se frotta les mains et s'écria :

— Bibiche, bichon, Bibi, Nana, Nanette, Nanon, Ninou, Nini, nichon...

Ce qui ne présageait rien de bon.

Juliette était crevée côté bagatelle. Elle passa dans la salle de bains. Elle y traîna dans l'espoir qu'il s'endormirait. Quand elle revint pieds nus, la lumière était éteinte. Le souffle régulier de Clovis-Virgile l'assura de son sommeil. Il s'était assoupi avec un petit haut-parleur fiché dans l'oreille. Relié à un transistor, il diffusait le championnat du Monde de boxe — catégorie Poids Plumes. Elle se garda bien de l'éteindre.

Elle se glissa près de lui sans heurts. Elle commença à s'imaginer dans d'autres draps dès qu'elle eut fermé les yeux.

Elle regagna son rêve favori. Celui qu'elle arrivait à faire sur commande.

Elle devint star de Cinoche.

Dans le noir, une voix cria :

— Lights !

Des grappes de projecteurs l'aveuglèrent. Elle s'exposa aux sunlights. Marcello Mastroianni s'avança à sa rencontre. Il était nu sous une étoffe blanche. Il avait gardé son Stateson. Il fit claquer son fouet de dompteur.

La lanière fit trois fois le tour de ses hanches. Elle rugit de plaisir. La voix cria :

— Cut !

Marcello lui demanda s'il lui avait fait mal. Elle assura que non. Elle lui confia qu'elle avait plutôt aimé ça. La voix parut contrariée. Elle ordonna :

— Qu'on la fasse pleurer glycérine !

On lui injecta des gouttes dans les yeux.

— Lights ! We shoot again !

Marcello fit claquer son fouet. On recommença dix fois la prise. Le metteur en scène la trouva excellente. Juliette en retira une exquise douleur.

— Cut ! That's all for today.

Il était une heure trente du matin.

Le téléphone sonna dans le F4. Clovis se réveilla en sursaut. Il vociféra :

— Le camping, c'est Trigano !

Juliette, d'une main languide, décrocha et demanda :

— Allô, c'est toi, maman ? Quel temps fait-il à Angoulême ?

La vieille dame répondit d'une voix sèche :

— J'arrive, toute réflexion faite, par le train du soir. Je viens chercher Julie-Berthe.

26

Je m'appelle Virginie et j'ai mis mon tailleur grège. Le stop, ça marche mieux quand on présente bien. Porte de La Chapelle, je me pointe près du feu, juste avant l'autoroute. Je consulte ma kelton. Deux heures du mat'.

J'ai à peine levé le pouce qu'un type s'arrête. C'est une Simca 1100. Un conducteur plutôt grassouillet. Un gars calme, qui fume la pipe.

— Vous allez sur Chantilly ?
— Presque. Je m'arrête avant.
— Bon. C'est toujours ça. Je peux monter ?

J'ai toujours été très à l'aise. Les types sont corrects dans l'ensemble. L'astuce, c'est de leur parler. Je lui parle, je lui ronronne :

— V' z'êtes bien aimable.
— C'est naturel.
— On dit ça, mais quand même. Vous rentrez du travail ?

Il ne répond pas. C'est un laconique. J'insiste. C'est pas bon quand ils se taisent.

— Vous travaillez tard ?
— ...
— Moi, je rentre du dur labeur.

Je bâille en m'étirant. (Ça fait saillir les seins et je les ai terribles.) Ni chaud, ni froid. Il est peint sur son siège, le gros. Il ne desserre pas les dents. Je ne supporte pas le silence.

— Je bosse dans une Maison de Repos. Je suis aide-soignante.
— Ah.

— Oui. Mais ça ne me plaît pas. Rien que des vieux...

— Ah bon.

— Des incontinents.

— Ah, des incontinents.

— Oui. Mais des riches. Ils paient 300 000 balles pour être propres. C'est les familles qui les mettent là pour s'en débarrasser. Un jour, je quitterai... J'ai dans l'idée un nouveau job...

— Ah ah.

— Perforeuse! Ils nous forment sur carte en six semaines. Paraît que ça paie bien.

Le type a l'air de s'en foutre pas mal. C'est vraiment pas le genre qui vous met la main où vous ne pensez qu'à ça.

— Vous savez pourquoi je rentre si tard?

— Non... Parce que vous étiez de service de nuit, je pense.

— Non. Parce que je ne suis pas allée travailler ce matin.

— Ah bon.

— Oui et vous savez à cause de quoi?

— Vous étiez souffrante, je suppose...

— Non! pas du tout... C'est à cause de mes cheveux! Moi, mes cheveux, c'est tout!... Vous voyez, je suis blonde, eh bien, j'aime quand c'est presque blanc... Hier soir, je me fais une teinture. Il était huit heures, je la rate. Je me regarde : J'étais violette. Je prends un autre régécolor. Ça devient pire... Je me couche. Au milieu de la nuit, je me réveille, je me dis Virginie, ma petite fille, c'est pas possible, tu peux pas rester comme ça. Je recommence un colorel. C'était pas encore la nuance... Alors ce matin, je me suis dit tant pis pour les incontinents : ils ont fait dans leurs draps et moi je suis restée à la maison. Je suis comme ça !

J'ai été drôlement bavarde et on a fait pas mal de kilomètres. Le type, il a l'air de se battre l'aile de tout ce que je lui raconte. Il conduit en tirant sur sa pipe. Je prends une cigarette au menthol. Je lui en offre une. Il fait signe que non — seulement la Ropp.

— Vous êtes dans quoi, vous ?

Alors là, il freine à mort. Il est calme et furieux. Il se penche sur ma portière. Il l'ouvre. Il me fait signe de descendre :

— Tirez-vous ! il dit.
— Mais...
— Tirez-vous ! Vous m'emmerdez !

Je regarde la nuit noire. Il me pousse vers l'extérieur. Il m'éjecte. Il claque sa portière. Je me retrouve toute seule dans la verte cambrousse. Je vois deux feux rouges qui s'éloignent. Quel salaud, ce mec. Taré, va.

Je jette ma cigarette.

A 300 mètres, une lumière se rapproche. Je me mets froidos en travers de la route. Au dernier moment le conducteur me voit. Il freine. Je réalise trop tard, qu'il n'y a qu'un phare et que c'est un motocycliste. Il est couché sur une énorme machine. Il me fait signe de monter. J'hésite et puis zut, j'y vais. C'est plutôt marrant un tour de moto par un soir d'été. Le moteur rugit. Je grimpe en m'agrippant à son cuir. Agréable au toucher. Je me dresse sur les cale-pieds. J'arrange mon tailleur pour pas l'abîmer. Je hurle :

— Chantilly !

Il démarre. Ma jupe remonte sur mes cuisses.

Le vent me retire le sang des jambes. Juste un point chaud : entre mes jambes précisément — son corps contre le mien.

27

Mme Achère releva machinalement son chapeau de paille noire qui glissait sur son front. De toute éternité, elle avait eu un faible pour le béguin. Il projetait une ombre familière sur la paroi lisse de l'ascenseur.

Elle prit une longue épingle et fixa le bitos en position stratégique sur le sommet de son chignon. Assise sur le strapontin, elle sortit un taille-crayon de son cabas. Elle aiguisa son arme favorite : c'était un Baignol & Farjon numéro 3.

Il était trois heures du matin.

Elle pouvait ainsi tranquillement conclure un chapitre qu'elle avait commencé. Elle écrivait vite. En lettres majuscules, avec la minutie d'une abbesse. Elle était résolue maintenant à dévoiler tout ce qu'elle savait. Elle en savait long.

Qui aurait pu supposer que toute sa pauvre existence de retraitée, toutes les heures de sa garde de vie bilieuse et jaune, étaient consacrées à l'étude ?

Certains se penchent sur les timbres, d'autres épinglent les papillons sur des bouchons, Clémentine Achère, ex-standardiste des P.T.T. de Montreuil-sous-Bois, collectionnait les gens de son immeuble.

Le contrôle des allées et venues, la tonalité des sonnettes, le champ de vision des trous de serrure, le rythme des lumières sur la façade une fois la nuit tombée, livraient à Clémentine une matière fertile en observations.

Elle ne pêchait pas en eau courante. Elle préférait la patience des eaux mortes. Elle pratiquait la pêche à la sagouille, au sang, au portebois. Sans passion, sans rancune, elle tenait le journal de bord de l'achélème. Tout y était consigné : les problèmes de finances, les rentrées tardives, les diarrhées saisonnières.

L'idée de génie, c'était de transcrire quelques chapitres de son journal sur les parois de l'ascenseur, de les signer Billy-Ze-Kick et d'attendre. Achère s'en frottait les mains.

L'échotière P. et Teuse repoussa de la pointe de sa chaussure à boucle sa bouteille de lait qui la gênait. Elle suspendit son geste d'écrire : une fin de phrase difficile. Elle ajouta quelques détails piquants sur les habitudes sexuelles d'Eugène Macareux. Elle compléta sa description en faisant une référence lyrique aux mensurations exceptionnelles de son appareil génital.

A ce sujet, elle inventait, l'intrépide.

Elle brodait. Elle ne pouvait d'ailleurs que se répandre en conjectures, n'ayant jamais posé son sexe sur le terrain de l'expérience pratique. Cinquante-sept ans déjà ! Comme le temps passe !

Elle avait toutefois consulté le Larousse Médical dont elle disposait. Par principe, elle majora de 30 % les mensurations moyennes.

Eugène se hissa, sans le savoir, jusqu'à une

catégorie qui lui permettait de briguer les honneurs des Comices Agricoles.

Un étalon normand, prenant couramment l'ascenseur, et sachant, en outre, lire le Français, aurait rué de jalousie. Clémentine venait de faire d'Eugène une bête de concours, un centaure du XXe siècle, un Homo à faire congeler en cas de catastrophe planétaire. Pour pouvoir le ressusciter ensuite. Pour le réchauffer cordialement et lui demander d'utiliser sa vigueur afin qu'il régénère l'Humanité détruite.

Ayant pris du recul et soupiré, elle entama un nouveau chapitre. Elle le consacra à Juliette Chapeau.

Elle n'ignorait rien de son étrange passe-temps d'après-midi. Cette trouvaille était le couronnement de sa carrière. Son coup de maître. On n'imagine pas la patience, les fatigues, les longues séances à bicyclette qu'avait nécessitées la découverte du pot aux violettes.

Elle était justement en train de donner l'adresse de la clairière des délices quand la grille de l'ascenseur s'ouvrit avec violence.

Peggy Spring entra tout de go. Elle eut un mouvement de recul. Elle était défaite, hors d'elle-même. Elle était en outre revêtue d'une combinaison de motocycliste. Clémentine en lâcha son crayon. C'est mauvais pour la mine. Bizarre. Oh la la ! drôlement gênée avec cela... zut ! cassée ! C'était une mauvaise mine ! La lèvre enflée, l'œil fiévreux. Des symptômes, des symptômes.

Tout de même, Clémentine, prise sur le fait en train de graffiter, s'excusa sous son chapeau :

— Je ne fais de mal à personne, dit-elle,

décidée à jouer les malheureuses (c'est ce qu'elle réussissait le mieux à cause de son physique)...

« ... d'ailleurs, tout ce que j'ai écrit est strictement vrai. C'est féroce, mais c'est vérifié. Vous pensez bien que je n'irais pas inventer des choses de cette sorte — aussi douloureuses et contagieuses et pernicieuses et tout et tout et la, la, la — si je n'étais pas sûre...

Elle rapprocha ses lèvres avec une grande habileté. Jusqu'à les confondre. On aurait dit un 8 horizontal presque effacé.

Peggy appuya sans répondre sur le bouton du 8e. Mais, chemin faisant — l'espace étant restreint, la cloison juste en face d'elle —, elle eut le temps, le loisir, la bonne surprise de lire toutes ces informations bouleversantes. Au 5e, elle eut la même réaction que le cheval normand :

— Je suis incrédule ! hennit-elle en montrant ses dents.

Du coup, elle arrêta l'ascenseur au 6e. C'est là qu'habitait la pipelette. Elle fixa sur Clémentine un regard sévère. Il y eut un blanc. Mme Achère en profita pour reprendre du poil.

— Vous voyez ? Vous voyez ? Ces choses sont tout à fait exceptionnelles. Elles méritent qu'on en parle. Qu'on les rapporte. Que quelqu'un en profite éventuellement...

— Je veux... balbutia Peggy. Un tel appendice existe-t-il donc vraiment ?

Elle se pencha sans retenue sur le croquis coté. Elle devint toute rouge sous son maquillage. Toute agitée. C'était sans doute une imaginative. Il y eut un déclic et clac ! elle sembla devenir folle du cul. C'est la seule manière d'expliquer son comportement subit.

Elle débarqua au 6ᵉ.

Elle prit Clémentine par la manche. Elle se fit ouvrir la porte de l'appartement avec autorité. Elle entra la première. Dans le vestibule, elle ôta le bitos de dessus la tête de saloperie d'Achère. Machinalement, elle garda la grande épingle à la main. Du bout de la pointe d'acier bleu, elle la poussa vers le salon.

Là, au-dessus d'un pruneau à l'eau-de-vie, elle se fit tout expliquer. Tout.

Le fauteuil sur lequel elle avait pris place n'en crut pas ses oreilles.

28

Au fond de son lit, Ed se récita les instructions de son Chef bien-aimé.

Eugène était dans les bras de. Ed rejeta ses couvertures et s'habilla dans le noir. A tâtons, il s'avança vers son étagère. Il se cogna le gros orteil contre un pied de chaise. Il se fit cruellement mal. Il s'arrêta net. Il se traita de cornichon.

Il attendit, immobile, que la douleur s'apaise. Il essaya de se décontracter. De penser à autre chose. Il eut tort. Son esprit disjoncta sur une idée fixe : faire pipi. C'était la hantise d'Edouard. Cela tournait franchement à l'obsession, le premier n'importe où.

— C'est mon Nhandicap, soupira le petit rouquin.

Ce n'était pourtant pas le moment de se montrer faible.

Il reprit sa marche aveugle. Il trouva son arme — un Lüger en plastique.

Pour se prouver son habileté, il le fit circuler d'une main dans l'autre. A toute vitesse. Dans l'obscurité, c'était une performance véritable. Il se sentit très proche de son modèle : Alain Delon. Beaucoup plus proche d'Alain que du fils Macareux Edouard.

Il grandit par la pensée jusqu'à 1,82 m. Quatre-vingt-deux, quatre-vingt-trois. A un cheveu près. Il s'arrêta d'avoir envie de faire pipi. Il se sentait vachement dense au centimètre carré. Il cueillit d'un geste sûr des espadrilles. Ses pieds grandirent jusqu'à la taille 43.

Il se glissa hors de l'appartement.

Sur le palier, il bâilla. Il refit le boutonnage de sa chemise. Il s'était trompé partout d'une boutonnière. Cette négligence risquait de lui enlever du punch. Il sortit un grand mouchoir à carreaux de sa poche. Il s'en couvrit le visage au ras des yeux. Il eut un mal fou à faire le nœud.

Tout de même, il s'était laissé embarquer dans une saleté d'histoire. Il aurait préféré attaquer carrément un fourgon blindé ou même le Crédit Lyonnais. Ce que lui avait demandé le Chef était vraiment périlleux. Il n'aurait pas dû accepter. Mais on ne se refait pas. N'est-ce pas, Alain ?

Delon, pour toute réponse, le poussa dans le dos. Aussitôt, il devint lui-même le héros « de tant de films ». Sans bruit, il commença à gravir l'étage qui le séparait de l'objectif. Il était très maître de ses nerfs, de ses sphincters aussi.

Il consulta sa montre. Avant de partir, il se

l'était dessinée avec un bic sur le poignet. C'était un chouette chrono. Comme celui qu'il guignait au Tabac du coin depuis plus d'un mois. Normalement, dans deux minutes, la porte de la Karapian s'ouvrirait. Elle sortirait de chez elle. Bien sûr, elle aurait les yeux ouverts et ce serait effrayant, mais en fait elle serait endormie : somnambule, la bonne femme.

Delon eut un sourire imperceptible. Ed pensa aux cuisses de Mme Karapian. Là encore, le Chef l'avait jeté dans un foutu guêpier. Elle serait à poil. Il ne faudrait pas perdre une seconde, pas se laisser distraire par le spectacle, par le Truc comme aurait dit Julie-Berthe. Le chronométrage était serré. La Karapian faisait juste l'aller et retour entre son palier et l'étage inférieur. Là, elle beuglait un grand coup :

— Lakmé ! Ton doux regard se voile !

Elle tapait des pieds. Poum, poum ! comme les factionnaires de Buckingham Palace. Poum, poum ! et elle remontait. Pendant son trajet, il faudrait entrer et courir jusqu'à la table de nuit. Sur le dessus de marbre, il y aurait toutes ses bagouses. Elle les enlevait tous les soirs. Il faudrait prendre la verte, pas une autre, juste celle-là. Et après, foncer. Ressortir. Glisser sous les bras étendus de la Diva qui serait de retour. Surtout, surtout, rester calme.

Ed était de nouveau sur le point d'avoir envie de faire pipi. Et puis, truc ! la porte s'ouvrit.

Mme Karapian, les yeux fixes, passa près du rouquin sans le voir. Il accommoda malgré lui sur ses fesses froissées vers l'intérieur qui dégringolaient l'escalier par secousses. Il jura de ne plus jamais manger de gelée de groseille.

Il s'élança.

Il retrouvait ses moyens dans l'action. Il bougeait avec aisance. Comme dans les films amerlos. Il arriva devant la table de nuit.

Les bagues n'étaient pas là !

Un coup pourri. Il en était sûr. Delon fit remarquer qu'il était flatté qu'on le prît pour modèle, mais qu'attention, pour lui, les scénarios finissaient souvent mal. Ed sentit son sang se cailler. Ils entendirent clairement le fantastique barrissement :

— Lakmé ! Ton doux regard se voile ! Poum, poum !

La Karapian s'apprêtait à charger. Ed fouilla dans le tiroir. Rien. A ce moment, il entendit la porte d'entrée se refermer. Vlam ! et deux tours de Yale.

— Scrrruntch ! point-s'exclama-t-il dans une bulle imaginaire. Captif ! fait comme un rat à la dixième bobine d'un film.

— Merde ! J'ai raté mon hold-up ! reconnut Edouard.

Delon lui conseilla de se cacher dans la penderie. Le petit rouquin se glissa entre deux robes de strass. Chloroformé par la naphtaline, il truqua longuement dans son froc.

29

Le soleil levant apparut sans prévenir et cuivra le cyprès. Bellanger ouvrit doucement ses volets et s'étira devant la campagne. Il chassa le mauvais goût de la nuit. En se penchant, il jeta un coup d'œil machinal sur la terrasse et localisa Léon le lézard qui bronzait. Il rentra illico la tête. Il vrombit jusqu'à son nécessaire à pêche. Au bout d'une canne souple il monta un fil de 20 centièmes. Hameçon n° 8. Esche : un ver de terreau frétillant. Une friandise. Il dévida le nylon avec lenteur. En se penchant, il arriva à dandiner du bout de sa « roubaisienne » avec une grande sensibilité tactile. Le ver effleura la bouche de Léon. Le saurien sembla franchement intéressé. Il ouvrit la mâchoire et allait la refermer sur sa proie, quand le commissaire se mit en déséquilibre pour ferrer. Les choses se précipitèrent. Charles glissa, jura, lâcha la gaule, et bascula dans le vide. Léon s'écarta pour ne pas le recevoir sur la queue.

Bellanger, dans un soubresaut de sauve-qui-peut referma ses mains transformées pour la circonstance en grappins sur le rebord de la fenêtre. Les pieds dans le vide, il vit Léon s'esclaffer.

*

Hippo s'était mis en route pour la forêt dès le matin. Il avait coupé par les terrains vagues, passant devant les restes du pavillon d'Alcide. Il s'était arrêté un moment devant l'enclos, se recueillant devant un grand platane qui semblait être le tout dernier arbre vivant de la région. Il s'était dit que c'était au sommet de celui-là qu'il aurait aimé grimper avec Julie-Berthe.

Sur les indications d'Edouard, il avait trouvé

sans peine l'endroit où tapinait Juliette. Assis en tailleur, il tira son gimel au Violon de sa poche et commença à éplucher des bûchettes de bois vert. Les rouages de son cerveau lui faisaient un curieux mal de tête. Il lui sembla que les chênes de la forêt avaient grandi. Que le sol, en tout cas, avait reculé. Qu'il était de plus en plus coupé du monde réel. Il continua à tailler ses morceaux de bois. Il leur donnait, sans s'en rendre compte, la forme de femmes aux poitrines agressives. Il les baptisa Karapian, Achère, Juliette et Peggy Spring. Il prit la plus laide et il l'appela maman. Avec un clou, trouvé par hasard, il la fixa sur une planchette. Il contempla la photo de Marylin et la déchira en miettes. Il détacha son chronomètre de son poignet et le cassa sur son talon.

Aussitôt, le Temps s'arrêta.

*

Chapeau s'éveilla de bonne heure.

Le téléphone en fut la cause. Au bout du fil, c'était Olga. Elle lui apprit qu'on était le 14 Juillet, qu'elle était quand même au bureau, qu'il avait reçu un paquet et qu'il fallait qu'il rappelle la brigade de gendarmerie d'Ecouen. Il le fit presto. Le gendarme Bellac Victor lui passa le brigadier Ménard Alfred qui l'informa qu'on venait de découvrir un nouveau cadavre. Celui d'une jeune femme blonde. On avait trouvé le corps sur une aire de remblaiement, en contrebas de la RN 16. C'était une portion de plaine où l'on envisageait de dessiner une bretelle de raccordement pour accéder au futur aéroport de Roissy-en-France. De lourds camions y déversaient des tonnes de gravats, de terre et même des cuisinières, des machines à laver. Un peu de tout pour combler les creux, remplir les fondrières.

Clovis bondit dans sa 504.

La victime avait été violentée, après sa mort. Le toubib était formel. Billy avait signé sur le ventre, comme d'habitude.

La radio, les journaux commencèrent leur ramdam. Clovis se sentait dépassé. Son rhume n'arrangeait pas les choses. Il se sentait la tête vide. Il envisagea sérieusement de téléphoner à Bellanger. Pour se confier. Pour crier help. Il rentra au commissariat dare-dare. Il essaya d'obtenir le Lot. Ce fut impossible. On n'arrivait jamais à obtenir ce bled de ploucs, de sous-développés. Clovis dit merde. Il engueula Olga comme Dieu, c'est pas permis.

L'inspecteur Chapeau était au bord de la déprime. Le juge d'Instruction avait cherché à le joindre. Sans doute pour l'enguirlander. Les coups de bigophone affluèrent au standard du commissariat qui sauta deux fois dans la matinée.

Billy-ze-Kick était devenu tellement célèbre que sa notoriété tournait franchement à l'obsession. Tout le monde l'avait vu partout. A chaque fois, il fallait vérifier. Les bonnes femmes tournaient de l'œil à tous les coins de rue. Elles avaient toutes peur pour leurs miches. Sans compter les sinoques qui espéraient être violées depuis des années et qui l'imaginaient habillé en facteur, déguisé en plombier ou qui soupçonnaient leur charcutier.

Sur le coup de dix heures du matin, le conducteur qui avait chargé l'aide-soignante à la Porte de la Chapelle se présenta spontanément à la Police. Il expliqua en long, en large et en travers les circonstances dans lesquelles il avait pris la stoppeuse à son bord. Il insista sur le fait qu'elle était une emmerdeuse.

— Elle bavassait dans son tailleur grège, elle disait des conneries noires, expliqua-t-il calmement... je l'ai larguée sur le bord de la route. Elle a eu tout ce qu'elle méritait.

— Vous ! je vous garde à vue ! décida Chapeau.

— Manquait plus que ça. J'ai des rendez-vous, moi !

— M'en fous ! et se tournant vers les gardiens, bouclez-le !

Là-dessus, son œil erra, furieux et tomba sur le foutu paquet qui était arrivé par le courrier de la veille. Nom de Dieu, marqué exprès, sans doute la réponse à cette saleté d'annonce !

Chapeau se mit à couper frénétiquement les ficelles qui emprisonnaient le kraft. Il se tourna vers sa pourrie de bon sang, d'inutile de secrétaire.

Il lui intima l'ordre de foutre son camp. Elle le fit à reculons. Elle trébucha dans cette entreprise. Elle claqua la lourde. Clovis se rua sur l'emballage. Il le déchira. Il démasqua une vulgaire boîte à chaussures. Il souleva le couvercle. C'était une paire de Box ordinaires. Avec des lacets assortis. Même bon marché, on peut dire.

Il les examina de plus près. Histoire de trouver ce que ces putains d'écrase-merdes pouvaient bien changer à sa vie. Il le comprit dès qu'il les eut enfilés (le gauche, toutefois lui faisait mal) :

ils étaient compensés par des talonnettes de six centimètres exactement. Il le vérifia. Oui, six. Il se mira dans les larges baies vitrées de son bureau. En cinémascope, les immeubles de la Ville-cage s'y reflétaient. Il se vit clairement en commissaire de 1,70 m.

Ça changeait tout.

Il réalisa que son problème personnel était résolu. Classé. Il sut qu'il allait démasquer Billy. Réussir une arrestation spectaculaire. Etre décoré. Il fut persuadé aussi que le camping était bien Trigano, qu'il allait devenir excessivement affable, d'une politesse exemplaire. Il fit subito relâcher le type de la Nationale 16 — avec ses excuses — en lui demandant toutefois de vouloir bien, s'il lui plaisait, rester à la disposition de la Justice.

Désormais, Virgile oserait prendre l'ascenseur. Il conduirait lui-même Julie-Berthe à l'école. Il entrerait sans peine au Comité des Parents d'Elèves. Il reconquérirait sa Juliette.

Il sonna sa gentille secrétaire. Olga passa craintivement la tête. Elle demanda :

— Vous m'avez demandée, monsieur Roger ?

Elle ne l'avait jamais appelé par son prénom. Déjà l'effet des talonnettes bousculait les usages.

— Chère Vieille Olga ! dit-il... Nous allons rappeler ces messieurs du Parquet, si vous le voulez bien. Et permettez que je vous appelle par votre prénom...

Elle en tombait des nues.

Elle fit un bruit de vieux coussin qu'on laisse tomber par terre. Elle fit pouf.

Elle essuya une larme. Elle le regarda avec tout l'amour du pauvre monde. Elle composa le numéro, lui tendit l'appareil. Il se leva. Elle le trouva changé à tous égards. Dominateur. Elle en tomba amoureuse sur-le-champs.

Roger Chapeau dit bonjour au juge d'une voix cassante. Il demanda avec assurance qu'on lui laisse les coudées franches.

— Vingt-quatre heures, monsieur le Juge. Seulement vingt-quatre heures. Je suis sur la piste de l'assassin.

— Déjà, Chapeau ? Dites-m'en davantage ! saliva l'autre.

— Je ne peux pas. Je vous demande de me faire confiance.

— A vos risques et périls, Chapeau. En cas d'échec, je ne vous couvre pas.

Si Juliette avait vu son Clovis, elle en aurait craqué sa fermeture éclair. Ce n'était plus le même homme. Son rhume semblait guéri. Il aurait vendu un igloo à un évêque, il aurait soldé sa mère, il aurait placé une caravane à un motocycliste, une piscine à un grand mutilé des deux jambes.

— Monsieur le Juge, demain à la même heure, j'aurai arrêté l'assassin.

Il raccrocha. Il se tourna vers Olga :

— Convoquez-moi la Presse ! Pour demain à la même heure ! Jusque-là, le black-out ! Pas une ligne ne doit être publiée. Bon. Olga, je vais vous mettre dans la confidence. D'ailleurs, j'ai besoin de votre aide. Vous allez devenir mon auxiliaire. Vous êtes une fille intelligente. Je compte beaucoup sur vous.

Ils travaillèrent jusqu'à midi.

Il lui raconta comment était né Billy-ze-Kick

et comment lui, Chapeau, en était en quelque sorte l'inventeur.

— Comprenez-moi, l'assassin semble se conformer à l'histoire que j'ai inventée. Donc les péripéties lui sont soufflées ou par ma femme — ce dont je doute — ou par Julie-Berthe, ce qui me paraît plus vraisemblable. A moi, la petite ne veut rien dire. C'est vous qui lui tirerez des informations en faisant fortuitement sa connaissance... je vais arranger une rencontre...

Olga buvait ses paroles. Elle se serait damnée pour lui. Il l'invita à déjeuner. A déjeuner !

Chère Vieille Olga s'empiffra de fraises Chantilly.

30

Y a pas à tortiller. Y a pas deux mesures. Y a pas d' je veux, il faut que ze sache. Alors, ze prends la vrille que papa y met dans la boîte à outils, ze vérifie que Zuzu, elle musarde et ze me glisse dans le placard à compteurs.

C'est zuste entre les deux zappartements. Une cloison contre chez nous, une cloison contre chez mademoiselle. Là' n' d'dans, z'ai mon tabouret-à regarder. Ze m'installe dessus et ze me mets au travail.

Le trou que z'ai commencé, y a plus qu'à le finir. Z'ai cru que z'y arriverais jamais. Faut être zuste, c'est Ed qui a fait le plus gros. La nuit, Peggy est pas souvent chez elle et Edouard a des facilités pour sortir. N'empêche, n'empêche, c'est moi que ze vais le finir. Auzourd'hui même. Passe que today, ze sens que c'est le grand Zour.

Encore trois tours et la vrille passe tout droit. Z'y suis! Ça y est! Ze remercie les Oui-Ouis!

Ze dévisse. Doucement, doucement. Comme une souris. Qu'est-ce que z'aime faire des trucs comme ça! Vrai, z'adore ça. Un zour, un zour, il faudra que ze tue quelqu'un pour voir comment ça fait. C'est une sensation que ze veux connaître. Une fois, mes Oui-Ouis, zuste une fois et ze recommencerai plus!

Pour le moment, z'ai le cœur qui mille-patte dans mon cou tellement ze suis zexcitée.

Ze me pensse et ze regarde...

Et ze vois!

Peggy est dans son lit. Elle dort encore. Ze vois son zoli dos. Un drôle de zoli dos, mon vieux. Zuste un drap sur elle qui lui marque les fesses. Des rondeurs zextasiantes. Ze retiens mon souffle. Son bras pend hors du lit. Elle bouze un peu. Voui, elle se réveille.

Elle a comme un sursaut. Elle se redresse d'un coup. Elle est entourée dans son drap. Complètement berlificotée. Elle court à l'armoire à glace. Zut! ze vois pas bien. Si! ze vois mieux en tournant la tête. C'est limite mais ça va. Ça y est elle se débarrasse du drap. Elle se regarde. Ah! les fesses! Rondes, superbes à en dessiner l'Afrique et l'Amérique dessus! Ah! les zolies fesses!

Maintenant elle se met de trois quarts pour en profiter elle aussi.

La v'là de profil. Et là!

GLAMBADA!!

La zézette de mademoiselle, c'est un zizi!

La zézette de mademoiselle, c'est un zizi!

La zézette de Mlle Spring, c'est un gros Zizi!!!
Billy! Billy, c'est Peggy!

Z'en suis tellement retournée que ze manque de faire du boucan. Ze descends de mon nescabeau. Ze sors du cazibi. Ze referme la porte et ze rentre dans ma chambre. Personne ne m'a vu.

Ze m'assieds. Maintenant, tout est clair. Peggy, c'est une enveloppe. Z'ai plus qu'à laisser faire les sozes. Aller me promener par exemple tout l'après-midi.

Ze suis sûre qu'avec ma commande de crime, il y aura du nouveau en rentrant.

*

Peggy se fit un clin d'œil et Billy le lui rendit. Billy était un diminutif pour William. Double Vé Woolf était son vrai nom. William-Cyril-Jonathan Woolf. Vingt-quatre ans. Glabre, un peu trop beau pour être un homme. L'image que lui renvoyait la glace était celle qui l'effrayait le plus. Celle du matin, celle où l'on se cherche.

Billy se sentait inquiet.

Bizarrement, profondément, tout à fait à l'intérieur de lui.

Il avait dormi lourdement. Trop. Comme s'il avait voulu oublier les contours, comme si son subconscient avait tenté de censurer le danger qui planait au-dessus de lui.

Ses pupilles se rétrécirent.

L'angoisse se referma sur son rythme cardiaque. Il se passa la main sur le visage comme pour effacer la réalité.

Il se souvint.

Il avait frappé trois fois en vingt-quatre

heures. C'était à chaque fois le même processus. La vue d'une femme qu'il désirait créait le déclic. Il la voulait. Il se sentait l'envie de la prendre. De la garder entre ses jambes. De la combler.

C'est après que tout se gâtait.

La vulgarité, la blancheur, l'hyper-féminité d'une femelle suffisait à lui faire peur. A le rendre fou de peur. De peur. Pas d'autre chose.

Aussitôt montait l'angoisse. La folle terreur de ne pas être à la hauteur. De ne pas être puissant. De ne pas avoir assez de sève. De manquer de force dans le membre. Billy se secoua.

Il regarda son corps. Sans transition, il courut à son lit. Ses mains fouillèrent sous le matelas, palpèrent l'acier froid, se rassurant au contact de l'arme.

C'était une carabine Buffalo-Stand de grande précision. Calibre 22 L.R. détente réglable dioptre de type match — à clics. Poids 2,600 kg.

Il prit le fût de l'arme et épaula avec rapidité. Une fois. Deux fois. Il fit volte-face, surprenant sa propre silhouette dans la glace. Les armes l'avaient toujours rassuré. Au travers de la lunette, il fit une croix sur son front. Il fit le signe de tuer.

Il barra ce Billy qui tuait.

Qui tuait pour être libre de mener l'amour à sa guise. Autant de fois qu'il le voulait. Encore. Plus fort. A répétition. Au comble de la colère, de la brutalité, de la virilité. Et sur les mortes, il était le plus beau (il arma la culasse), le seul (il tira), l'exceptionnel (il arma la culasse), le surmâle (il tira à nouveau). Oui dans ces conditions-là, il était capable de se surpasser. (Il abaissa l'arme.)

Il l'avait prouvé. Trois fois en Angleterre. Trois fois en France. Demain, s'il le voulait, ce serait en Allemagne ou au Danemark.

Il se fit un pauvre sourire.

Il ne comptait pas la première fois où c'était arrivé.

Celle où tout avait commencé.

Une hystérique.

Une amie de sa mère (qui venait justement de mourir).

Elle l'avait presque obligé à faire le « Truc ». Il allait réussir. C'était la première fois. Un terrain inconnu. Une forêt où le moindre bruit lui faisait peur. Comme lorsqu'il était enfant et qu'on l'envoyait chercher du lait à la ferme tapie au fond des bois. Ses nerfs étaient prêts à craquer. Vrillés comme des cordes. Il sentait qu'il allait réussir. Devenir un homme. Passer l'épreuve. Et puis, elle s'était mise à crier. A hurler. A devenir chienne. A tendre le ventre en l'air. A demander encore et qu'il la batte. Et qu'il la frappe au visage. Plus fort. Et il l'avait fait. Elle devenait liquide sous lui. Elle faisait floc. Un bruit mou sorti des profondeurs de cette enveloppe féminine plutôt laide.

Il s'était mis à regarder sa partenaire. Un étui où frottait son sexe. A ne plus pouvoir. A redevenir petit. Elle se tordait sur place. Il se rappelait son cou un peu fripé qui, brusquement s'était couvert de rougeurs. Alors, il l'avait serré. Serré jusqu'à ce qu'il craque comme une gousse de petits pois qu'on écosse.

C'est seulement après qu'il s'était senti grossir, redevenir féroce et dur et viril comme un étalon.

Depuis, il n'y avait plus que cette manière de faire l'amour qui comptait pour lui. Ce n'était pas tout à fait de sa faute. ON lui avait appris à faire ainsi.

Il s'était fait horreur, au début.

Il s'était fait la guerre. Il s'était puni. Il s'était habillé en femme pour ne plus séduire. Pour ne plus être tenté.

Poussé par l'urgence, il avait recommencé, avec une étudiante. Du sang partout. Une nuit d'horreur à faire couler de l'eau dans une baignoire. Le lendemain matin, il s'était de nouveau habillé en femme. Pour échapper à la police, cette fois. Pas seulement à lui-même. Pour ne pas être repris.

Il avait fui. Il s'était organisé.

Il se mit à réfléchir.

Il voulait faire le compte de ses erreurs. Calculer les risques qu'il avait de se faire prendre. Hier, vraiment hier, il n'était pas lui-même. Il avait échappé à son propre contrôle.

La faute de Julie-Berthe. Cette fillette était un démon.

Elle avait toujours des phrases ambiguës à la bouche. Monstrueuses pour son âge. Un regard de faïence — dénué d'émotion. Elle avait regardé Peggy. Elle lui avait dit :

— Un zour, il faudra que ze tue quelqu'un. Pour voir ce que ça fait. Z'aimerais, z'aimerais tuer quelqu'un d'heureux pour qu'il ne s'en aperçoive même pas.

Cette scène s'était passée devant l'immeuble. La petite fille était partie. Tap tap tap. La noce débarquait des voitures. Une joyeuse cohue. Peggy avait écrit sur une feuille de papier :

Truquée, ma vieille! une expression typiquement Julie-Berthienne.

Elle avait fait porter la note par un enfant de chœur. Elle lui avait dit :

— Quand la mariée ressortira de l'église, après la messe, donne-lui cette lettre, veux-tu?

C'était un sale môme intéressé. Il avait frotté le pouce contre l'index. Il avait décrété :

— Dix balles!

Là-dessus, la cérémonie. L'émotion. Et puis les cloches. La sortie de l'église. Billy depuis la terrasse avait tout suivi comme au cinéma muet. Au travers de sa lunette télescopique. Plan serré sur le couple. Sourires aux photographes. Arrivée de l'enfant de chœur qui remet son message. Disparition du gamin. Plan général du joyeux tumulte en retirant l'œil de la lunette de visée. Nouvelles photos. Nouveau gros plan sur le couple. La jeune épousée n'a toujours pas ouvert l'enveloppe. Le temps passe. Des couples s'avancent, félicitent, embrassent. Le récent mari descend deux marches. La mariée en profite pour décacheter le pli. Elle lit. Croix sur son visage. Elle paraît surprise, elle fronce le front. Cherche son époux du regard. Puis froisse le papier. Elle le rejoint. Elle ne lui dit rien. Ils descendent les dernières marches à petits pas glissés. Croix sur la poitrine de la jeune femme. Feu. Coït. A distance. Sans même toucher à la victime.

Une seule erreur en somme, l'enfant de chœur. Mais le gamin ne s'était pas manifesté. Sinon, la police serait déjà sur sa piste.

Le deuxième coït, (il lui répugnait d'appeler meurtre ce qui pour lui était un geste amoureux) — le deuxième, c'était ce qu'il avait prémédité.

Depuis plusieurs jours. En fait, il ne comptait que sur celui-là. Il avait pris suffisamment de précautions pour ne pas être inquiété. Rien à craindre du côté de la petite employée du photomaton. Il avait effacé toutes les traces de sa moto.

Quant au troisième — il avait été le fruit du hasard. Vraiment. La nuit, la rencontre de cette fille absurde, caqueteuse, bête à pleurer, la brièveté de l'Acte, sa violence même l'avaient effrayé. De plus en plus, il réalisa qu'il n'était plus libre de décider. Son obsession le foudroyait avant même qu'il se donne le feu vert.

Un jour, il se ferait prendre parce qu'il ne pourrait pas résister.

Il chercha à analyser ce tournant. Jusqu'alors, il avait été parfaitement solitaire. Complètement Woolf. C'est pour cela que la police n'avait pas pu mettre la main sur lui.

Il pensa de nouveau à Julie-Berthe. Pourquoi diable agissait-il en fonction de ce qu'elle lui dictait? Comment expliquer la fascination qu'elle exerçait sur lui? Au début, il avait entrevu dans le personnage de Billy-ze-Kick une espèce de tampon entre lui et les flics. Une voie de garage. Un alibi qui lui donnerait le temps de disparaître. Après, ç'avait été un pari stupide. Une espèce d'énigme qu'il voulait coller à cet imbécile de Chapeau. Ce flic à la gomme. Par sens de l'humour. On ne se refait pas.

Mais maintenant, maintenant que tout était dangereux, maintenant que les flics allaient resserrer leur filet, (il n'avait pas effacé les traces de ses pneus pendant le crime de la nuit), pourquoi continuer la macabre fanfaronnade?

Pourquoi pousser l'absurde jusqu'à aller tuer Juliette ?

Parce que la petite fille au front bombé le lui avait demandé ? Parce qu'elle avait planté ses yeux de baigneur dans les siens ? Non. Mille fois non.

La vérité, c'est que Juliette était le type même — l'archétype — des femmes dont il avait envie. Elle était souillée. Elle appartenait à tout le monde. A ceux qui la voulaient, qui la payaient. Et lui, William-Cyril-Jonathan Woolf, s'il arrêtait sa vie, serait le seul à la posséder pleinement, gratis, puissamment, fortissimo.

A cette pensée, son sexe se dressa. Viril. Il serait viril. Il partirait cette nuit même. Après l'Acte. Il passerait la frontière. En Belgique. Oui, en Belgique.

Il prépara un sac où il entassa pêle-mêle quelques affaires. Ensuite, il se tourna vers lui-même et entreprit de confectionner Peggy Spring avec le plus grand soin.

*

Vieille Olga avait trop bouffé. Elle sommeillait, pliée comme un vieux sac sur son dossier de chaise, quand son patron entra dans son minuscule bureau. Il tenait deux gerbes de roses.

— Chère Vieille Olga, ces fleurs sont pour vous ! J'en ai acheté aussi pour Mme Chapeau ! Je vais les lui apporter tout de suite. Je vous abandonne la boutique. Prenez mon bureau, vous y trouverez des chocolats dans le tiroir du bas. Vous serez plus à l'aise qu'ici. On ne respire pas... Alors, nous sommes bien d'accord, n'est-ce pas... dès que je suis à la maison, je vous appelle. Je vous arrange une sortie avec Julie-Berthe. Vous devriez l'emmener à Paris. Elle en rêve... Comme cela d'une part vous me laissez les coudées franches côté Peggy Spring et d'autre part vous essayez de lui tirer les vers du nez. Allez-y dans l'imagination, le dépaysement. Plus vous lui direz de choses folles, plus vous provoquerez ses confidences. C'est d'accord ?

— C'est d'accord, Roger.

Il referma la porte.

Elle resta seule devant un monceau de roses thé. Une petite araignée verte sauta sur le buvard. Elle prenait très adroitement la lumière. La lourde s'entrebâilla à nouveau. L'aimable Chapeau se pencha :

— Encore un mot, ma bonne Olga ! Je vous revaudrai ça ! Si, si, si. J'insiste.

Il envoya, comme des bulles de savon, deux ou trois baisers de la main. Il souffla dessus et referma doucement la porte. Chère Vieille Olga ouvrit une bouche démesurée et les goba, goulue comme un black-bass.

Ensuite, elle glissa une feuille 21/27 sous la petite araignée. Elle alla la porter dehors. Le planton à mitraillette derrière son abri de béton la regarda faire d'un œil attendri. Elle la déposa au pied d'une marguerite qui ornait les plates-bandes du commissariat. Elle cueillit la fleurette. Elle l'interrogea jusqu'au pistil.

Après quoi, elle versa de l'eau dans un vase. Elle disposa les roses en éventail. Elle eut immédiatement envie de faire des projets de vacances.

Chère Vieille Olga s'aperçut qu'elle ne connaissait pas la Corse. Là-dessus, sans en avoir jamais appris les paroles, elle entonna l'Ajaccienne — en regardant le téléphone.

31

Youpee, le soleil brillait pour tout le monde. Juliette avait ouvert en grand les fenêtres de l'appartement. Les vibrations des bafles entrèrent sans façon. Les derniers tubes — Made in Normandie en l'occurrence — visitèrent l'espace. C'est que tous les commerçants étaient sur les dents pour la quinzaine commerciale.

Juliette fit claquer son martinet en mesure. Elle le remisa dans son baise-au-bois. Elle venait de repasser son costume de fouetteuse. La veille, Eugène l'avait drôlement froissé. Elle se pencha au balcon en priant pour que sa mère ne l'appelle pas au téléphone avant de prendre le train.

Elle était soucieuse. Comment empêcher la vieille dame de parler de « son travail » de l'après-midi à Clovis? Autre chose encore. Et si Billy était un de ses propres clients? Elle se demanda si c'était bien raisonnable d'aller au taf aujourd'hui. Et puis se dit que zut. Tout de même si l'assassin se pointait qu'est-ce qu'elle ferait. Hein? Qu'est-ce qu'elle? Et s'il décidait brusquement de la tuer, elle? Elle, Juju, au milieu des violettes.

En se penchant, elle vit Julie-Berthe qui s'apprêtait à monter dans le bus d'Eugène avec les enfants du quartier. A quelques blocs de là, il y avait une fête foraine. Les gosses étaient excités comme des poux. Ce soir, il y aurait Retraite aux Flambeaux.

Eugène dirigeait les opérations d'embarquement. Il leva la tête. Il était congestionné. Ça se voyait même du 8ᵉ étage. Il fit signe à la jeune femme, au ciel bleu, aux petits zoiseaux. Pourtant, il se faisait du mouron, Eugène. Edouard avait disparu. S'il n'était pas rentré ce soir, il faudrait prévenir les flics.

Du coup, le colosse n'avait pas bouffé. Il avait carburé au Kiravi. Rien qu'au pinard. Avec cette chaleur, il se sentait le sang épais. Il avait les artères en éternit. Il se glissa derrière son volant. Il trouva la rue plus étroite que d'habitude. Il diaphragma à 22 et embraya molo en première. Il n'envisageait pas de changer de vitesse jusqu'à destination.

Julie-Berthe regarda le bus s'éloigner.

Elle mit un doigt dans son nez. En creusant un peu, en tourniquotant, elle ramena sous son ongle une petite croûte qui la gênait. Elle la fit voltiger d'une pichenette et courut pour tourner le coin de la rue.

Son stratagème avait parfaitement réussi. Elle était montée par une porte du bus et ressortie par l'autre. Il faut dire qu'Eugène était incapable de compter jusqu'à 47 enfants.

Julie-Berthe allait s'offrir un chouette après-midi. Une vraie journée de grande personne. Maintenant qu'elle avait commandé son crime à Billy-ze-Kick et qu'elle connaissait son identité, elle se sentait calme. Elle n'avait plus qu'à attendre les résultats. Peut-être ce soir, peut-être tard dans la nuit. Qui sait ?

Une voix claire et douce chuchota au fond

d'elle-même qu'elle était une dégueulasse gamine. Qu'elle faisait assassiner sa propre mère et que ça ne se faisait pas, dans les familles. Julie-Berthe étrangla cette voix fluette en se déconnectant.

— Je suis z'une assassine, murmura-t-elle avec délices. Elle tâta, dans sa poche, les sous de sa tirelire qu'elle avait vidée. Elle rencontra aussi du bout des doigts le tube de rouge à lèvres qu'elle avait emprunté à sa maman qui n'en aurait plus besoin. Elle se mit en quête d'un endroit tranquille où elle pourrait se maquiller.

Juliette Chapeau, à la minute même, se dit que tant pis, elle rachèterait « Red Tentation », le rouge qui fait sourire les lèvres. Impossible de remettre la main dessus. Elle se contenta d'un brin de rimmel. Elle enfila ses talons, prit son réticule et s'élança vers le Sexe.

Elle appela l'ascenseur qui lui passa sous le nez. Elle reconnut au passage Mme Achère qui montait chez la Karapian pour y faire le ménage.

Pendant ce temps, Clovis Châpeau, son mari, fonçait sur la route du bercail. Du bord de la talonnette, il appuyait à fond sur le champignon. Il se figurait qu'il allait surprendre sa Juliette en peignoir et qu'elle succomberait à sa plus haute taille. C'était l'heure propice. L'heure creuse où l'organisme chauffé à blanc par la nourriture du déjeuner transmet au corps une émouvante disponibilité. Quinze heures ! l'heure de la sieste ! Des pensées vagues, de l'érotisme !

Il se voyait déjà en train de cajoler d'une main le derrière de sa Julie, de l'autre ses tétins, tintin, titine et tintin... quand il faillit vraiment se foutre en l'air. Une bagnole sport qui débouchait d'un parking souterrain venait de lui couper la route. Une Matra, lui sembla-t-il.

Sa voiture chassa dangereusement. Elle quitta la chaussée. Elle poursuivit sa course sur le trottoir. Là, tout en glissant, elle fit un demi-tour complet. Elle faucha trois poubelles. Les couvercles décollèrent comme des soucoupes volantes, forçant les passants à se baisser.

Chapeau finit par trouver le temps long. Il eut le loisir de se dire qu'il n'aimait pas voyager dans le sens contraire à la marche. Aussi sec, la voiture folle entra dans une poissonnerie. Clovis, tête tournée vers l'arrière, traversa la boutique. Le bolide s'encastra dans la chambre froide. Le moteur se mit aussitôt à tousser et cala. Chapeau salua froidement le commerçant venu l'accueillir.

Du haut de son mètre soixante-dix, il trouva les mots qu'il fallait :

— Je suis garanti tous risques! dit-il avec assurance.

*

Mme Achère entra chez la Karapian avec son passe. La chanteuse sortit de sa chambre où elle vivait en quasi-permanence. Elle était habillée de pied en cape. Elle chanta sur un air de Verdi la liste des travaux à entreprendre.

Mme Achère applaudit et commença par la vaisselle. Edouard entrebâilla la porte de la penderie. Il risqua un œil et prit une goulée d'air. Delon l'avait plaqué dans le courant de la nuit pour aller à une Première. Froidos, au milieu des embouchoirs à chaussures. Ed s'était endormi, matraqué par les émotions.

A dix heures du matin, il y avait eu une alerte. La penderie s'était ouverte. La main de la chanteuse s'était avancée à tâtons. On aurait dit un crabe. L'animal s'était faufilé entre les anfractuosités. Il palpait les étoffes. Il s'arrêta sur la tête du rouquin. Il parut s'étonner et lâcha la mèche qu'il avait pincée par mégarde. Il alla voir plus haut si c'était pareil. Ça ne l'était pas. Il revint pour vérification, mais Ed s'était jeté à quatre pattes. Pour faire diversion, le rouquin tendit au crustacé une étoffe au hasard. Le crabe hésita, et repoussa cette offre déraisonnable pour la saison. Finalement, il se décida pour un ensemble à ramages et referma la penderie.

Les heures s'empilèrent n'importe comment. Ed perdit la notion du temps. Parfois le merle des Indes qui tenait cage, pas loin de là, sifflait la Marseillaise. Ou un air du Répertoire. C'était la seule distraction. L'arrivée de Mme Achère tira le gamin de son engourdissement. La voix de la Karapian s'éleva dans les corniches. Elle modula une première phrase dans le médium :

— Madame Achère ! Madame A-a-a-chè-è-è-ère !

Je sors une petite heu-re,
Je sors faire des courses,
 des cou-cou, des cou-cou,
 des coucourses !

et conclut dans le sub-aigu :

... il y a des soldes chez Lackenbacker !

Le lustre du salon en frémit de tout son pendentif. L'oiseau noir siffla d'admiration.

Dès que le rouquin entendit la porte de l'appartement se refermer et la vaisselle reprendre, il se glissa hors de sa prison. Déjà, il attaquait la ligne droite du couloir, lorsque — comme au cinéma — il vit s'encadrer dans la glace, la silhouette noire de Clémentine Achère. Elle avait surgi de derrière le porte-parapluies. Elle démasqua ses dents longues et déliées comme des touches de piano. Il y en avait des noires et des blanches. Elle eut un long rire désaccordé — sorte d'arpège raté qu'on aurait prolongé en appuyant sur la pédale de droite. Un de ces rires qui glacent, qui figent, qui transpercent. Celui des Vampires.

Ed s'attendait à ce qu'elle dise :
— Ta liberté contre un verre de sang !
Mais ce fut :
— Ça, mon coco, il va falloir me dire ce que tu fais ici. Ça m'intéresse. Et la, la, la !

A cet instant même — qu'on s'en souvienne — Ed prit une décision pour l'avenir. Il aurait un cheval dressé. A un signal convenu, ce noble coursier apparaîtrait. Quelles que soient les circonstances, où que son maître se trouve, Ed l'enfourcherait en sautant de n'importe quelle hauteur. Comme Zorro, comme tout le monde. Il baptisa son futur compagnon : Jolly Max.

Pour le moment, tout allait mal.

Mme Achère, sans retirer ses gants de caoutchouc, s'avançait vers lui. Elle posa son verre et son torchon. Il essaya de plonger entre ses jambes arquées. Le cerceau se referma comme un piège. Achère avait des réflexes fous. Un entraînement de vieux trappeur. Elle le crocheta par la peau du dos. Elle le souleva de terre. Il fit les mouvements de la brasse comme à la piscine.

Sans le déposer au sol, elle lui fit faire le voyage jusque chez elle au 6ᵉ. Ils ne rencontrèrent personne.

Elle demanda encore :

— Alors ? Raconte à Achère ce que tu faisais là-haut ! Tu te rinçais l'œil, hein ? Et la, la, la — petit salaud de ton père !

Pour toute réponse, Ed aspira sa morve. Il prit l'air terriblement buté. Il pensa à la page 14 d'un bouquin très chouette. Il se dit que la torture n'aurait pas prise sur lui. Même si on voulait lui arracher les ongles. D'ailleurs il n'en avait pas. Il les avait rongés en jouant au foot.

Achère le souleva de nouveau. Elle le porta sans escale jusqu'à une pièce sombre qui sentait le rance. Il n'y avait pas de fenêtres. Seulement un énorme tas de bois.

— Tant que tu n'auras pas tout scié — 45 centimètres, c'est pour mon mirus — tu n'auras rien à manger. Et la, la, la ! dit Saleté d'Achère en refermant la porte.

Ed resta à quatre pattes.

Il compta qu'elle tournait trois verrous à double tour.

Il en pleura sa mère.

*

Clémentine quitta le 6ᵉ pour réintégrer le 9ᵉ. Elle entendit une course précipitée dans l'escalier. Son goût de l'observation la poussa à se cacher dans un angle sombre.

La cavalcade se rapprochait. Elle vit passer l'inspecteur Chapeau. Il tenait un bouquet de roses. Il montait les marches deux à deux. Une atroce odeur de marée se répandit sur son passage. Clémentine se sentit au bord de la nausée. Elle entendit Clovis s'annoncer par deux coups de sonnette au 8e. Il attendait que la porte s'ouvre. Elle se dit que pauvre crétin à cette heure-ci, Juliette devait faire le bonheur d'un brun de chez Calberson ou d'un petit de chez Pomona.

Elle monta à son tour.

La minuterie s'éteignit. Elle passa derrière Chapeau. Sournoise, effacée, Achère, quoi. Toutefois, elle remarqua au passage qu'il avait grandi. Elle mima un temps d'arrêt sur le palier. Histoire de souffler. Normal. Pour le plaisir, elle fit remarquer :

— Ça sent le poisson ! Tiens, ça sent le poisson ! Vous ne trouvez pas que ça sent le poisson ?

Pour toute réponse, Clovis se pendit à la sonnette. Il demanda sans se retourner :

— Vous n'auriez pas vu ma femme ? Je cherche ma femme. Elle devrait être là. Normalement. C'est bizarre, non ?

Clémentine bondit sur l'occasion. C'est l'occasion qui fait le poisson :

— A cette heure, elle sera partie travailler. Comme tous les après-midi, d'ailleurs...

— Travailler ?

Clovis s'introduisit le petit doigt dans l'oreille. Il s'en servit, incrédule, comme d'un tire-bouchon. Un peu de cérumen l'aurait aidé dans cette situation délicate. Il l'aurait roulé. Il se serait senti moins seul.

— Travailler, hein ? Un dimanche, un jour férié, je veux dire, répéta-t-il dans la pénombre.

— Vous savez quoi ? assura Saloperie

d'Achère jubilante... si vous prenez l'ascenseur, vous la rattraperez peut-être. Elle était là il y a encore cinq minutes... elle vient de descendre.

Elle voulait à toutes forces qu'il prenne connaissance du chapitre qu'elle avait écrit la nuit précédente.

Il ouvrit la grille à la volée. Il se précipita dans la cabine. Il referma la porte. Il appuya sur le bouton R de C. Il vit sa tête de Chapeau mou dans la glace. Il pressentit qu'un malheur le frappait.

Puis il tomba sur les graffiti. Il les relut deux fois. C'était signé Billy-ze-Kick. Une nouvelle sorte d'écriture!

L'ascenseur était arrivé en bas depuis belle lurette. Ayant appris son infortune, il déchira une page de son carnet et nota l'adresse. Il se laissa tomber sur le strapontin.

Il retira machinalement ses godasses. Il en sortit les talonnettes. Il remit les chaussures (tiens, la gauche ne lui faisait plus mal). Il resta un long moment à battre des semelles compensées l'une contre l'autre. Enfin, diminué de six centimètres, il se leva et s'écria :

— Bon Dieu de merde de bon sang de bordel de pute borgne!

En disant cela, il piétina ses roses. Cet effort désordonné dégagea tout autour de lui une puissante odeur de maquereau. Il ressortit sur le trottoir.

Le soleil et la musique des haut-parleurs inondaient la rue. Comme il allait monter dans sa voiture, il se ravisa. Il fallait qu'il trouve Julie-Berthe.

Il patrouilla lentement le long des trottoirs et

trouva la gamine devant la glace d'un magasin de coiffures pour Dames. Elle était occupée à se mettre du rouge à lèvres.

Au lieu de l'engueuler, Clovis lui demanda gentiment :

— Qu'est-ce que tu fais là, Julie-Berthe ? Tu t'ennuies, je parie.

La petite fille se dit que les adultes vous tendent toujours la perche quand on ne sait pas quoi leur répondre :

— Voui. Ze m'ennuie.

— Eh bien, veux-tu aller chez le coiffeur ? Tu m'as dit que tu rêvais d'y aller. Tu te coifferais comme tu le voudrais.

— Comme ze veux ? Comme une grande personne ?

— Comme une grande personne.

— D'accord. Paye, Clovis !

— O. K., je paye.

Ils entrèrent.

Il remit la petite fille entre les mains d'une nana en blouse extra-courte. Il ressortit. Depuis un bistrot, il téléphona à Vieille Olga de venir dare-dare et de ne plus lâcher Julie-Berthe.

Il retourna à sa voiture. Au fond de son siège, il se planqua, allumant la première cigarette de l'attente. Il guettait la sortie de Peggy Spring.

32

Hippo fouilla dans la poche droite de son gilet de laine. Il en sortit la ficelle. Il se dit que c'était le meilleur moyen pour étrangler Juliette. Il avait étudié la situation avec soin. C'est dans une petite grotte naturelle que la fouetteuse tenait son négoce. Présentement, elle s'effarouchait sous un géant des Flandres qui en redemandait pour la troisième fois.

Quand ce fut fini pour de bon, le type s'en alla.

Juliette se donna du répit. Hippo fit son apparition. Il se tenait derrière elle et s'avançait sans bruit. Elle se retourna au dernier moment. Un sursaut. Une intuition du danger. Ils se regardèrent sans rien oser dire. Hippo, dédoublé, se sentit remonter ses lunettes sur son nez. Il fut frappé par la beauté de Juliette. Elle balbutia :

— Hippo, qu'est-ce que vous faites là ?

— Je vous regardais répondit-il complètement inconscient de ce qu'il ferait une minute plus tard.

Elle se leva. Elle se sentait menacée. Il fallait qu'elle prenne l'initiative. Elle ne pouvait compter que sur son corps. Pas sur sa force. Sur son corps. Sur le charme de son corps. Pour sauver sa vie.

— Vous êtes timide, Hippo. Venez donc près de moi...

Elle lui tendit les bras. Automate remonté à bloc, il vint en gestes raides s'asseoir auprès d'elle. Son parfum fit le tour de sa caboche. Sa cervelle battait contre son crâne. Comme il avait mal !

Elle pointa soigneusement ses seins en obus sur l'objecteur : il frissonna.

— Vous avez quelque chose contre le sexe ? interrogea-t-elle.

— Rien. Et surtout pas celui-là. Le vôtre. Le beau, balbutia le malade.

Elle gagnait du terrain. Elle le sentait bien. Elle se risqua à lui prendre la main.

— Vous êtes puceau, Hippo ?

Il était en sueur. Il se sentait retomber en enfance.

— Les femmes sont obscènes, bredouilla-t-il.

— Les femmes sont douces, Hippo. Vous êtes un petit garçon, un bébé.

Elle lui caressa les cheveux.

— Non ! pas les cheveux ! je ne veux pas qu'on me touche !

Il se recula, effrayé, dangereux. C'était une mauvaise piste. Elle le rattrapa de la parole, du bout des mots :

— Vous ne direz rien à mon mari, n'est-ce pas ? Ce serait le comble. D'ailleurs, vous n'êtes pas nickel, dans cette histoire... (elle avait décidé d'être agressive, d'attaquer)... Vous tripotez ma fille dans les ascenseurs ! Vous êtes obsédé du Toboso ! C'est la mère qui vous parle ! Laissez la petite à ses illusions, à ses bonbons à la menthe !

— Je n'ai jamais touché à Julie-Berthe.

— ... Si c'est de sensations que vous avez besoin, je viendrai vous en procurer tous les matins !

Il la fixait intensément. Il tenait la cordelette

entre ses doigts blanchis. Il la tendit brutalement. Un geste qui n'échappa pas à Juliette.

Il fallait qu'elle parle, qu'elle parle, qu'elle dise n'importe quoi, qu'elle entasse des phrases entre eux. Qu'elle stoppe le déclic qui dévidait une horlogerie dans la tête de ce fou.

— ... Je viendrai prendre ma douche chez vous... j'enfilerai mes bas au pied de votre lit... tenez, je vous offre une caresse tous les mercredis...

— Allez vous faire foutre ! C'est de la corruption. Je suis un schizophrène, moi, madame ! Un délirant, pas un érotomane !

— Eroto-to et roplo-plo, my foot ! Personne n'y résiste ! Laisse-moi te faire voir... répondit l'hétaïre pour sauver qui peut.

Sa main rentra sans escorte sous son pantalon. Sa perspicacité était effroyable. Le voyageur appareilla en un clin d'œil. Le slip, votre éminence, cargua toute sa toile. Julie-la-Fête choisit pour Hippo le moyen de transport : il commença à cahoter en voiturette, en voiture à bras, en voiture de louage, de remise.

Puis, sans prévenir, elle sauta sur le marchepied.

Du diable, on en vint au tilbury, au boguet, à la calèche, au carrosse.

Hippo était parti — pour longtemps.

C'était un paysage neuf. Une terre vierge. Un long voyage. Il était en litière, en victoria. La troïka, la chaise à porteurs, l'essoufflèrent tout à fait. Le P. L. M. sortit en rugissant des canyons du Colorado : les bisons étaient lâchés. Il rua dans les brancards, il baissa les dossiers, il frappa le capitonnage. On obliqua vers l'est.

C'était Vladivostok, cette femme-là. Singapour. La Bérésina. Une torpédo, une Formule 3, 2, 1. Une autochenille, un taxi ravageur. A trois cents à l'heure dans la ligne droite des Hunaudières, il percuta les glissières de sécurité. Le service d'ordre était bien fait. Les pompiers arrivèrent. Noyé dans la neige carbonique, Hippo regardait fumer ses roues. Il glissa dans une tache d'huile, brûlé au troisième degré. Le silence. Le vide. Le noir. Au bout de trois quarts d'heure, il ralluma le plafonnier. Il regagna son stand sur les genoux. Il y arriva en fin de journée. Depuis longtemps déjà, le public avait déserté les gradins. Il retira son casque qui lui faisait mal à la tête. Il se gratta le menton. Sa barbe avait poussé.

En d'autres termes, quand Hippo reprit ses esprits, il était seize heures. Il était seul. Il se sentait incroyablement calme. Juliette avait disparu.

Il se leva, les jambes molles. Il s'en fut vers la Ville. Complètement déconnecté, égaré, enfilant les rues au hasard, tandis qu'un peu partout se mijotait le 14 juillet. On préparait des bals, on tendait des guirlandes.

Bientôt, ce serait la Fête.

*

Un peu partout, il était dix-sept heures.

Dans le Lot, le commissaire Bellanger manipula avec soin deux épingles à linge pour entraver le bas de son pantalon du Dimanche. C'est qu'il allait vélocipéder vers Montcuq afin de retrouver Gabrielle. Juste comme il allait s'élancer, gracieux vers les cimes, un animal du genre mouton, mais plus gros, lent et obstiné, vint au-devant de lui. C'était un splendide bi-couillon Caussenard à oreilles noires. Un bélier qui détestait les bécanes. Il tapota sur place de la gambette qu'il avait fine et déliée. Puis sans se presser, il baissa la tête et prit fort peu d'élan. Il chargea très à propos les rayons faiblards du cycle de Charlot et réussit du premier coup du seul à passer la tête au travers de la roue avant.

Un piéton, marchant bien, fait du six kilomètres dans l'heure qui suit son départ sous le soleil. Montcuq est à huit bornes. Combien de temps faudra-t-il au commissaire pour rejoindre sa cavalière ?

*

Il était dix-sept heures ailleurs aussi.

Hippo, à la terrasse d'un café, fouilla dans la poche droite de son gilet de laine. Il en sortit un soldat de plomb et le regarda dans les yeux : c'était un Général de Brigade.

Ed, au 6ᵉ étage de l'achélème, cessa de chialer. Il prit sa première bûche sur les tas et commença à la scier : c'était du chêne.

Juliette, à la guinguette, récupérait lentement devant un verre de blanc : c'était du gros plan.

Au fond de sa guimbarde 504, Chapeau inspecteur, grillait sa dixième cigarette : c'était énervant d'attendre.

Dans une salle commune de l'Hôtel Dieu, hôpital à Paris, un interne se penchait sur Michel Bellanger, matraqué la veille par les soins de Méridou Gaston, C. R. S. d'intervention dans les combats de rues et natif d'Angoulême. Tandis que Gaston écrivait à sa tante pour lui dire de lui garder des rillettes sur le prochain cochon, Michel essayait de ne pas passer l'arme à gauche. C'était pourtant sa tendance naturelle. Les médecins décidèrent d'envoyer un télégramme à la famille.

Vieille Olga venait de faire son apparition dans le salon de Coiffures pour Dames. Elle s'assit sur un fauteuil qui fit tchitt. Elle repéra sa voisine. Julie-Berthe la remarqua aussitôt et lui fit un clin d'œil. Olga s'était revêtue pour la circonstance d'une robe à fleu-fleurs et à trou-trous. Elle avait décidé d'en profiter pour faire à son patron le coup de l'indéfrisable.

Pour appâter la petite fille, elle prit le genre excité pour un rien. La converse se noua sur un rythme de trot enlevé.

Eugène, à la seconde même, hop! se refaisait la glotte à neuf sur le bas-côté de la érène 16. Il utilisa le bain de bouche du docteur Bancaud. Il en avait toujours une bouteille dans son bus pour les cas-zoù. Après s'être fait un nouveau goût dans la bouche, il urina publiquement et se promit d'acheter un faisan pour fêter le retour de son fils Edouard.

Saleté d'Achère versa Solivaisselle dans l'évier et se mit à récurer vibure une cocotte où les légumes avaient solidement attaché. Après quoi, elle enfourcha son vélo et mit le cap sur les bois.

Billy-ze-Kick, au 8e étage, avait repris la forme de Peggy Spring. Billy était un as en matière de maquillage. Il s'était contenté de « blushing powder », d'un abord froid, d'une vie intense. Puis, parmi 16 crèmes-gel, il avait décidé du regard qu'aurait ce jour-là Mademoiselle. Il opta pour une ombre mauve. Du velours sur la paupière, de la danse au fond des yeux. Sa poitrine plastifiée était guidée par « Poivre » — un modèle à bonnets indépendants et à bretelles réglables. Il caressa « Baby long legs », le collant qui monte, qui monte, pour faire des jambes à n'en plus finir. Il prit sa sacoche, y glissa sa combinaison de motard et descendit quatre à quatre.

Sur le trottoir, n'ayant rien remarqué de suspect, il accéléra. Il courut jusqu'à un parking. Roger Chapeau embraya doucement et commença sa filature. Il vit Peggy entrer dans le garage et faillit bien se faire surprendre quand elle ressortit à vive allure, couchée sur une 750 Trident. L'affaire de sa vie commençait !

33

— Vous êtes chouette ! Et merci bien pour le sac à bandoulière ! dit Julie-Berthe en sortant d'un Cuirs et Peausserie en tout genre du quartier George-V.

Elle fit tournoyer la pochette à franges par la courroie. Wrrt, wrrt, sur les Champs-Elysées. Elle rangea son autre main dans le grand battoir de Vieille Olga.

— C'est bien naturel de se faire de petits cadeaux entre femmes ! assura la secrétaire.

Julie-Berthe contempla Paris avec les yeux du désir. Cette adulte était rudement poire de la baguenauder. Elle avait payé pour tout. Le métro, l'etc., la glace italienne. Elles dévalèrent le macadam. Il y avait des restes de 14 juillet du matin. On avait défilé. Des barrières, des drapeaux, des traces d'engins chenillés sur le bitume.

Skip, skap, elles sautaient en cadence d'un pied sur l'autre. Les maisons flânaient en secousses de bas en haut et retour. Sur fond de Cary Grant, de touristes américains, de passages cloutés, d'agents aux bras écartés, de voitures en double file, elles remontèrent en direction de l'Arc de Triomphe. Elles riaient. Elles bousculaient les mémères. Vieille Olga ne se sentait plus. Elle embrassa affectueusement un aveugle et lui acheta un billet de la Loterie Nationale.

Julie-Berthe se posa sur un manchot. Elle dit pardon monsieur et se mit à pouffer de rire. Elle ne pouvait plus s'arrêter. Furieuse, la manche à air voleta, et changea de trottoir. Vieille Olga exultait :

— Aujourd'hui n'est pas un jour ordinaire ! Tout ce que je vois, tout ce que je rencontre est captivant. Tout à fait exceptionnel. A croire que j'étais sourde, aveugle, à peine reluisante. La vie est passionnante, mademoiselle Julie-Berthe ! Figurez-vous que j'ai envie de thé, de petits fours et de vacances au bord de la mer !

(L'odieuse Olga cherchait à provoquer l'imagination de la gamine, elle devint lyrique).

... La pensée du bermuda m'accapara !... bientôt j'écaillerai le monde des plages au fond de lunettes polaroïd. Je respirerai de toutes mes forces. Je ne correspondrai plus forcément à mon physique... je commencerai à vivre... Savez-vous que je n'ai pas regardé autour de moi depuis l'entrée des chars Patton dans les faubourgs de Strasbourg ?

— Pour ma part, z'adore les choux à la crème... fit remarquer Julie-Berthe en désignant une pâtisserie.

Mais Vieille Olga, n'en faisant qu'à ses faux souvenirs, s'accouda à un garde-foule qui avait servi pour le défilé du matin. Elle agitait un drapeau imaginaire. Julie-Berthe prit l'air sucré et lui fit la concession d'un regard attentif.

Vieille Olga applaudissait les Amerlos :

— J'étais habillée en Alsacienne ! Je tenais des fleurs ! Il était noir. Il était grand. Il s'appelait Tom. Qu'il était beau ! Il cantonna.

Je lui avais appris le mot : cigogne. Il se mettait sur une jambe. Nous nichions sous les toits. Je lui ai révélé le Munster et les saucisses. Il riait rose. Il fumait des pipes de maïs. C'est moi qui les lui allumais. Un goût de Virginie dans la bouche, une veste de treillis jetée sur les épaules, j'écoutais la voix de ma Nouvelle-Orléans. Le pays des Arbres, the land of Trees. Nous vivions à l'heure de la Louisiane. O Basin Street. La rue où tout le monde se rencontre. Ô, ô, Basin Street — Blues !

Tom me soulevait d'une seule main. Il me posait délicatement sur lui. En route pour le Mississippi. Le maïs enfoncé jusqu'à la barbe, je voyais passer des bateaux à étages, jusqu'à l'aube. La route et le Péché nous affamaient. Au petit matin, c'était la ruée sur les biscuits de soldat...

— Puis-ze vous faire remarquer que les religieuses d'en face ont l'air intéressant ? En outre, ce que vous racontez là n'est pas tout à fait de mon n'âze ! se permit la petite fille.

— Il n'empêche que c'est du clafoutis que nous prendrons. OU mieux encore, une tarte aux mirabelles, répliqua Vieille Olga.

Elle entra dans le magasin avec détermination.

Julie-Berthe s'assit la première.

Ses jambes n'arrivaient pas jusqu'au sol. Elle pensa à Billy et se dit que si ça se trouvait, il y aurait déjà du nouveau question-crime. Une tartelette et elle rentrerait. L'adulte commençait à l'emmerder. Elle balança ses jambes, prenant toutefois bien soin de ne pas poser ses coudes sur la table pour ne pas paraître impolie. Elle releva une très belle mèche décolorée qui lui rayait l'œil gauche de la surface du minois. Son cou s'inclina pour y faire contrepoids. En catimini, elle arrangea sa culotte qui lui mangeait la raie des fesses.

Vieille Olga s'assit à son tour. Elle ne savait pas que c'était pour la dernière fois. Elle décréta :

— Le Passé est le Passé.

Ce qui est vrai. Elle le rangea en quelques phrases :

— Je suis restée longtemps face à face avec les pataugas de Tom. Il les avait oubliés sous le lit. Je les ai disposés sur le marbre de la cheminée. Comme une photographie de famille. La boue s'est écaillée. Je n'ai plus fait la poussière. Finie, la case de l'oncle Tom. J'ai planté des drapeaux de papier sur une carte de l'Allemagne. La guerre a reculé. Tom a pris Berlin. Il chantait désormais ses arbres Unter der Linden... encore une carte postale. Et puis, plus rien. J'ai jeté les pataugas à la poubelle et je suis partie pour Paris...

— Après les mirabelles, mangeons un Saint-Honoré ? proposa Julie-Berthe.

— Si vous voulez, si vous voulez, petite fille, déglutit Vieille Olga, toute fraîcheur retombée... D'ailleurs, pour en finir avec les pataugas, ils n'auraient pas pu resservir. Tom chaussait du 48 et tout à l'avenant... comprenez ma nostalgie.

Elle avait, dans l'après-midi, scalpé ses cheveux longs. Coiffée à la garçonne, elle ressemblait à un vieux jeune homme imberbe. Elle toucha sa dent à pivot. Aussitôt, elle pensa à Roger Chapeau, son mini-patron miracle. Elle pensa aussi à la mission qu'il lui avait confiée. Pourtant, le sucre caramélisé des gâteaux la faisait souffrir de toutes les molaires.

— Mangeons des babas. Noyons nos cavernes dans le rhum. Après, nous en reprendrons. Avec quelques kilos de plus, je ferai une excellente deuxième main. Je changerai de dents. On mord très fermement avec les nouvelles prothèses.

Voilà ce qu'elle dit soudain, en proie à d'étranges résolutions. Elle accommoda sur Julie-Berthe et attaqua le sujet par le gras :

— Vous m'effrayez, Julie-Berthe. Vous êtes tout à fait en avance. En avance pour votre âge.

— C'est vrai pour les zhommes. Pour le reste, z'ai des « lagunes ».

— Est-ce possible ?

— Voui, voui. Pour certains trucs, ze suis naïve.

— Par exemple, par exemple ?

— Oh ! pour des trucs bébêtes... z'ai longtemps cru que les nouillers étaient des arbres à nouilles. Maintenant ça va mieux que l'an dernier. C'est principalement depuis que z'ai feuilleté *Alice au Pays des Merveilles*. Y a tout là-dessus. Mon fiancé me l'a recommandé.

— Vous êtes donc fiancée, Julie-Berthe ?

— Presque. C'est une question de bague. Ze le suis à une personne âzée et sympathique. Un type qui a de l'imazination. Trop. Grand-Mère Aïeule dit qu'il est fou.

— Ah, ah, c'est intéressant cela ! M'en direz-vous plus à ce propos ?

— Non. Ça vous regarde pas.

Le bide. Vieille Olga. Il y eut un silence, puis la fillette prit l'air doucereux :

— Maintenant que nous avons le même coiffeur, ze propose que ze te tutoie. C'est plus zintime, non ?

— Si tu veux, Julie-Berthe, si tu veux.

Elles mangèrent des gâteaux parfaitement écœurants. La pâtissière, extasiée par leur bonne volonté suicidaire, organisa l'orgie. Elle leur donna même, gratis, un fond de crème fouettée. Julie-Berthe se disait qu'elle aurait l'adulte à l'usure sur le terrain de la bouffe. Elle voulait voir si l'on peut assassiner quelqu'un avec de la nourriture. Ça l'intéressait. C'est la seule chose qui la faisait rester.

— Alors, pour les Hommes ? finit par demander avidement Vieille Olga.

Elle laissa échapper un « hips » involontaire. Son foie se brouillait dans sa bouche.

— Ze berne. Ze truque. Ze me fais offrir, expliqua la petite fille dont l'organisme était à toute épreuve.

— Vraiment ? Je suis gourmande de savoir... tendit la perche Vieille Olga, persuadée d'être sur une piste intéressante.

— Des bonbons, des bizoux. Ze pense avoir un arbre aussi. Peut-être un nascenseur. Il est question également d'un sien. Ze n'aime que les zaunes. Z'ai bien spécifié. Il sera féroce.

— C'est tout à fait captivant !

— C'est pas tout. Ze vais aussi me faire offrir un crime. Ze suis zune assassine. Billy-ze-Kick, tu connais ? C'est mon ami. Y fait ce que ze lui demande.

— Raconte !

Et hips encore. Le hoquet sur place, Vieille Olga. Et l'impression d'être au bout du rouleau à pâtisserie. Hips ! Luttant contre la nausée, elle essaya d'une ultime phrase d'inspirer la confiance :

— Je pense, quant à moi, hips, que je vais me faire offrir un voyage en Corse. Hips ! Je m'enverrai en l'air avec mon patron. Hips, hips, hips !

— Hourra ! Vieille Olga ! hurla Julie-Berthe pour lui faire peur et que le spasme s'arrête.

Mais très Vieille Olga porta aussitôt la main à son cœur. Elle devint rose comme un Dalton en fin de Lucky Luke. Ça semblait grave. Elle exhala :

— Tu m'as fait peur ! Oh, que j'ai eu peur ! Je me sens partir...

Elle aurait quand même voulu savoir. Une idée fixe avant de mourir pour de bon.

— ... et qui est Billy-ze-Kick ?

Elle n'entendit pas la réponse.

Elle devint une chose molle. Plus tout à fait un être. Elle passa à l'état de sac de n'importe quoi plié n'importe comment sur le dossier d'une chaise dorée.

— Mes gouttes ! Vite, mes gouttes ! J'ai le cœur qui dévisse ! Je suis moitié foutue ! gouglouta encore pauvre Vieille Olga.

Julie-Berthe plongea résolument la main dans la direction indiquée. C'était une pochette à pharmacie. Elle y trouva plusieurs fioles de toutes les couleurs. Les mauves lui parurent les plus redoutables. Il y avait une tête de mort sur une étiquette rouge et qu'il ne fallait pas dépasser la dose prescrite. Le contenu de deux compte-gouttes dans un peu de thé lui parut convenir à un traitement de choc.

Le liquide fit son entrée dans la bouche de l'agonisante. Contournant la dent à pivot, il ravina la glotte, dévala le larynx, nappa l'estomac, investit l'intestin. Et tua Olga.

Julie-Berthe ne s'y trompa pas :

— Truquée, ma Vieille ! hurla-t-elle de plaisir.

C'est ce que confirma le médecin du quartier. On conclut à une indigestion.

— Je m'en porte garant ! dit la pâtissière.

Les badauds sardinaient en bans compacts. Un clergyman de l'Eglise Réformée fit la bulle autour de la robe à trou-trous de V. O. Il arrivait de Bradford dans le Yorkshire pour photographier le Sacré-Cœur et profiter de la mauvaise pente pour descendre à Pigalle. Il posa son 24 × 36 à visée réflex sur une chaise. On le lui chaparda, dès qu'il eut le dos tourné. Le Révérend prit l'accent grave et oxfordien. Il prononça quelques paroles œcuméniques.

Une couverture de déménageur recouvrit la dépouille. Vieille Olga s'en fut vers la morgue en pimponnant. Elle laissait derrière elle une chaussure. Elle l'avait perdue en luttant contre le décès. La pâtissière la trouva sous la table en ramassant une petite cuillère qui avait servi d'abaisse-langue. Elle voulut tendre la godasse à la petite fille qui accompagnait la défunte. Elle ne la trouva pas.

A ce moment précis, le Révérend poussa un cri guttural couleur de karaté :

— Yashica !

En réalité, la locution n'était pas empruntée aux Arts martiaux du Japon. Elle exprimait, en pure perte, la marque de son appareil Photo. Les badauds se dispersèrent pour ne pas être soupçonnés de vol. Le Révérend refusa de porter plainte. Il se souvenait d'avoir gravé sur pellicule les poses débridées de Mauricette Lepic, mannequin-vedette d'un Sex-shop du XVIIIe arrondissement.

Julie-Berthe, pour sa part, courait dans les couloirs du métro. Elle tenait précieusement serré dans la main le flaconnet de poison.

P.S. (pour digressionistes patentés :)

La pâtissière resta seule.

Elle tenait l'escarpin de pur porc par la bride. Une chaussure orpheline, ça ne l'avançait pas. Comme la gamine avait disparu, la commerçante se demanda qui lui paierait jamais la note.

Eh bien, elle aurait pu l'envoyer au croque-mort qui toiletta Vieille Olga. En lui faisant son brin d'ablution, il avait trouvé dans sa poche un billet de la Loterie Nationale. De la série des gueules cassées.

C'était un numéro tout en 7. Il gagnait un

million de francs dans la tranche A. Or, Vieille Olga s'en était payé une bonne tranche.

Le croque-mort — voyez comme les choses se mettent — s'appelait Mattéo. Il repartit pour Ajaccio, sa ville d'origine.

34

En cette fin d'après-midi du 14 juillet, de gros nuages s'amoncelèrent. C'étaient des colériques habillés en bravaches. Matamores pour la plupart, ils se vantaient de changer d'expression rapidement. Ils en prirent de furibardes sous leurs manteaux de pluie.

Les insectes devinrent fantasques.

Les taons, soudain caractériels, roulaient des yeux verts. Ils zigzaguaient entre les hommes assoiffés, les bocks de bière, les limonades et les perroquets.

Au loin, le tonnerre jouait à la guerre. Confraternellement, une fanfare, retour de Commémo, y mêla ses accents. C'était une Fanfare usagée. Un orphéon de vieillards. Elle partit de la caisse et couaca jusqu'à la guinguette.

Les casquettes blanches tombèrent des têtes. Elles sentaient le cuir bouilli. Les cuivres étaient fourbus. Les clairons reflétaient la déroute. Par ces temps d'orage, le pantalon tire-bouchonne. C'est l'heure de la fillette, de la chopine, du bouteillon.

Le patron du bistroquet essuyait du coin du torchon les ronds laissés par le vin rouge. Au même endroit, avec précision, un verre ballon sautait sur son pied Il y a des jours où on ne sèche pas quand on est verre de vin rouge.

Enfin, sur un signe du chef, la clique reprit sa route. Le porte-fanion resta le dernier. Il pissa sur sa hampe, comme un cantonnier cracherait dans ses mains avant de manier la pioche. Il courut lourdement le long d'une ornière pour rattraper les siens. Il lui fallut une centaine de mètres pour déployer l'oriflamme. Il croisa une motocyclette qui faillit bien l'estourbir. Il se retourna en titubant et montra le poing. Un gigantesque coup de freins le fit voleter illico. Au ras du tricolore une 504 avait pilé. Chapeau, furieux dans les plis bleu, blanc, rouge hurla :

— Otez-vous du chemin, nom d'un pétard !

Le vent s'était levé.

Il chassa ces dames des fourrés où elles tenaient leur négoce.

Coco rejoignit Julie-la-Fête devant la guinguette :

— S'il va pleuvoir, plus de tapin ! Buvons un coup et oublions ! C'est pas de chance, les bois sont pleins de patriotes !

Juliette ne répondit pas. Après avoir échappé à la mort, elle s'était rebecquetée sérieusement devant des blanc-cass. Du coup, elle voyait la vie en rose. Chou, la vie. Drôlement chou.

Là-dessus, elle en faillit choir, en voyant arriver, parée des miches aux orteils, la miss Peggy Spring. Décidément, ça continuait bizarre. L'angliche beauté était sur un trente et un tape-à-l'œil. Maquillée superbe et largement décolletée. Elles se regardèrent à hauteur de rimmel et Peggy montra gaiement sa denture.

— Bonjour Juliette, dit-elle. Vous permettez que je vous appelle ainsi ?

— Soit-il, répliqua Juju un peu partie.

— Qui c'est « cette-là » peinturée comme un œil de perdrix sur le sentier de nos terres ? souffla Coco, le nez au ras du sien muscadet.

— Justement — susurra Peggy — je voudrais me joindre à vous, mesdames. Est-ce que vous m'accepteriez ?

— Quoi ? Tapiner ?

— Voui. Je voudrais qu'on m'apprenne...

Juliette en rit jusqu'aux lacrymales. La nervosité, les renversements de situation l'asphyxiaient.

— Comment avez-vous su que j'étais là ? Par Eugène ?

— Non.

— Par Edouard ?

— Non. Par Achère.

— Décidément, c'est mon dernier jour, décréta Juliette. Tout le monde est au courant. Ça va mal se terminer.

Peggy Spring se tortilla sur son tabouret.

— Alors, vous me prenez avec vous, oui ou non ?

La Fête et Coco avaient bon cœur. Les bois étaient spacieux. Elles s'émurent. Elles entourèrent. Elles tâtèrent. Elles en discutèrent.

Coco décréta qu'il fallait remettre ça. Julie fit cul sec. Peggy ingurgita son muscadet tout neuf en deux fois seulement. Un plaisir intérieur réchauffa ses artères.

Trois consommations plus loin :

— Si tu veux entrer dans la carrière, il faut t'échancrer, s'écria Coco en sautant de son siège.

— Davantage ? (Billy avait la trouille qu'on découvre son buste plastifié.)

— Dégage tes richesses. Montre ta ligne de flottaison. Tu es pourvue comme une châsse. Prospecte vers l'avant !

Ce disant, Coco modela, de la corne du pouce, les nénés de l'impétrante. Il faut reconnaître que ces Dames étaient beurrées comme des petits Lu.

L'inspecteur Chapeau planqué dans une inconfortable situation était dévoré par les fourmis. Tout de même, fasciné par le spectacle, embrumé par son coryza, il ne se résolvait pas à intervenir. Il voulait voir jusqu'où iraient les choses. Il désirait surtout prendre la Juliette en flagrant délit d'adultère et de prostitution. Il tendit l'oreille de plus belle : Juliette venait d'intervenir.

— Et la démarche ? C'est important, le style. Balance vers l'extérieur, Peggy. Donne du mou. Rends du bassin. Reprends du corps vers l'intérieur et maintenant, poulette, expédie la même quantité sur l'autre versant. Voilà ! bien !... les hommes chavirent à l'outrance du fessier.

Et c'était vrai. Chapeau, oubliant la raison de sa colère, matait comme un voyeur.

Un peu plus loin, moitié pluie et un peu de soleil d'orage, le diable — comme on dit — mariait ses filles. A-t-on jamais remarqué que, quand cela arrive, il y a toujours quelqu'un qui prend l'air grave pour le faire remarquer ? C'est le patron de la guinguette qui le fit en essuyant ses verres. Un pinceau de lumière crue s'alluma devant la guitoune. Il se déplaçait en oblique comme un projecteur.

En plein milieu de cette illumination, Peggy

Spring évolua avec grâce et Billy qui se marrait sous le fard commençait à trouver les choses drôlement jouissives. Ça l'émoustillait qu'on le regarde. On reprit du vin blanc. Demi-tour sur cambrure, départ l'œil fugace, virevolte du Mont de Vénus, arrêt sur canapé : les principales figures furent évoquées.

— Voilà ! C'est la base ! déclara Coco. Tu jardineras vite. Tu es douée, Peggymuche. Tu as une bonne gonflure du grassouillet ! Tu goinfreras du gogo avant longtemps. Tu t'effeuilleras avant l'automne... c'est Coco qui te le dit. Je suis un vieux pot. Je minestrone depuis vingt ans. J'ai globe-trotté à Alger, à Shangaï et à Hambourg. Ce sont des places fortes. Si tu dis Sébastopol ! je te répondrai : j'y étais !

Chapeau, pendant tout ce cirque, s'apoplectait dépassant à peine du fossé où il bruissait comme du chanvre. Sur le chapitre de l'infidélité de sa Juju, il n'avait plus de doute... C'est au sujet de la Spring qu'il était perplexe et un peu pendant de la mâchoire inférieure. Bien sûr, le fait qu'elle pratique la moto la rendait bien suspecte, et evidently, Clovis se disait qu'il allait faire comparer les traces des pneus de la Trident à celles qu'on avait relevées sur le remblai, mais tout de même une telle féminité le laissait pantois. De Peggy à Billy, il y avait un sexe à franchir : l'inspecteur ne pouvait s'y résoudre.

Quant à Peggy, farouchement résolue, elle prenait de la bouteille, du tanin, du rubicond. Elle était comme sur une scène, comme à l'Alcatraz quand elle faisait spectacle. C'était le rôle de sa vie. Elle devenait une poule de grand vol, elle retenait les gestes, les détails. Elle en était déjà à ses Universités.

— Je suis enthousiaste, s'écria-t-elle. Allez, encore un verre ! Patron, trois calices !

On fit des libations. Jusqu'à ce que Coco s'esquive pour obligations professionnelles. Le vent s'était calmé. Une bétonneuse s'était immobilisée sous les chênes.

— A tata l'heure ! Les affaires reprennent. On me veut ! dit la grosse pute en se taillant la route vers son ciment Lafarge.

Juliette et Peggy s'enfoncèrent elles aussi sous la futaie. C'est bien ce qu'escomptait William Woolf. Chapeau leur fila le train par une sente parallèle. Silencieux, iroquois comme pas un. Les deux femmes s'immobilisèrent au creux d'une petite grotte :

— Voilà ta crèche ! Qu'en penses-tu ?
— C'est Béthléem ! s'extasia Peggy Spring.

Et elle programma à Billy que c'était l'endroit rêvé pour étrangler Juliette.

Pourtant, un tissu de situations inopinées allait se développer. Les trames passaient toutes par la caverne miniature. La nuit tombante fit partir les derniers touristes. Les pères de plusieurs enfants mirent le cadet à califourchon sur leurs épaules. Rongées par les piqûres d'insectes, les bobones rassemblèrent les thermos, les youpalas, les fauteuils gonflables. On se repliait vers les bagnoles achetées à crédit. On claquait les portières trois fois pour une. On se pinçait les doigts. On pleurnichait. On recevait des gifles. On disait du mal des jours fériés. On se dépêchait pour mieux participer au gigantesque embouteillage qui s'annonçait bien avant Paris.

Bref, les familles disparurent. Elles laissaient les miettes de leurs pare-brise, des boules de croquet, quelques plumes de badminton. •

Le silence revenu, Billy se dit que c'était exactement les meilleures conditions pour faire ce qu'il avait décidé de faire. Après, en route pour la Scandinavie. A ce moment, une paille se faufila dans le programme. Une étrange question se posa au cerveau du détraqué. Et si cette fois, cette fois seulement, il essayait de faire l'amour avant d'étrangler sa victime ? Peut-être réussirait-il ? Cette fois. Juste cette fois. Mais le rappel de ses échecs remonta en une large bulle. Plop. Non, il ne s'en sentait pas capable. Il s'avança vers Juliette pour la strangler.

Un camion s'arrêta sur la Nationale. Les phares s'allumèrent et s'éteignirent. Billy se bloqua sur place.

— Veux-tu essayer ce client-là ? demanda Juliette.

On entendait les pas du gaillard choisir entre les herbes et les ronces. Il se rapprochait comme un animal qui charge.

— C'est peut-être bien Mimile, le sanglier des Ardennes. Il n'est pas mauvais pour un début. C'est une nature un peu simple, mais il ne dérobe pas. En veux-tu ? répéta Julie-la-Fête.

Elle regarda Peggy. Elle lui trouva les yeux changés. Rétrécis.

Saleté d'Achère, la bécane allongée en catastrophe à côté d'elle, commença à saliver. Deux heures d'embuscade l'avaient déglinguée. Elle se sentait raide comme une branche morte. Elle craqua malgré elle. Le bruit de son ménisque ankylosé fut mis sur le compte de la nature. Elle soupira.

Billy allait commettre le geste.

C'est ce moment que choisit Chapeau pour surgir de dessous les rochers. De la paille plein les cheveux, il sortit de la crèche. Il avait l'air Joseph. Il brandissait son revolver.

— Ciel ! mon mari ! hurla Juliette en détalant.

Il y eut un mouvement de flottement dans l'esprit du petit policier. Foncer sur Peggy Spring ou régler tout de suite ses affaires de C. La jalousie, puissant aiguillon, lui fit choisir de venger illico son honneur. En route pour le crime passionnel, il se mit à courser sa femme. Ils passèrent si près de Clémentine que le timbre de sa bicyclette vibra. Elle apprécia, à trente mètres à peine, la distance qui séparait le chasseur de sa proie. Tout cela était son œuvre. Elle misa sur Clovis, terriblement véloce.

La nuit tombante se referma.

Peggy Spring, au creux de la grotte, se sentait, incapable de bouger, de prendre une décision. Pourtant elle entendait une voix se rapprocher. C'était Eugène.

Ivre mort, il gueulait :

— Julie ! C'est moi ! C'est ton espadon ! Ton gros barracuda !

Il surgit à l'improviste derrière Peggy Spring. Il la ceintura de ses puissants bras et balada ses mains partout. Eugène faisait sa route avec emportement, avec passion. La jupe de Peggy Spring se déchira, brisée par tant de force. Les doigts d'Eugène se refermèrent sur leur proie :

— Merde alors ! Une pédale ! hurla-t-il dans le noir.

A ce moment précis, plusieurs manchettes fulgurèrent, allumant une douleur horrible dans son estomac. Comme il avait beaucoup bu, son gaster se retourna comme la poche d'une seiche. Il eut un haut-le-cœur et dégobilla tout jusqu'à la galantine.

Pendant ce temps, Clovis, en poussant les rugissements d'une légitime colère, luttait contre les branches, qui, dans l'obscurité, griffaient son visage. Juliette connaissait — et pour cause — admirablement le dédale. Elle le sema facile.

L'inspecteur termina sa poursuite dans un roncier inextricable. Il ne pouvait plus ni avancer ni reculer. Il se moucha pour retrouver son calme.

Saleté d'Achère n'en put voir davantage. Elle enfourcha sa bécane. Elle tricota des guibolles vers la achélème. La dynamo suralimentée éclairait plus loin que de coutume. Vite, elle prit l'ascenseur. Elle rentra chez elle en coup de vent. Elle se mit à table. Elle rédigea le brouillon de son chapitre. Sans enlever son bitos. Elle le recopierait sur son cahier d'écolier plus tard. Elle l'enverrait par la poste au commissaire Bellanger. (Celui-là, elle l'aimait bien.) Il faudrait aussi qu'elle en publie quelques extraits sur les parois de l'ascenseur, afin que tout l'immeuble en profite. Elle entendit le bruit de la scie sur les bûches et se rappela qu'il faudrait nourrir Edouard. Mais le sommeil la prit en traître. Elle s'octroya sur place une heure de ronflette.

Au creux du roncier, Chapeau, à quatre pattes, entreprit un lent mouvement de reptation. En se faufilant sous les ramures, il eut plusieurs fois l'occasion de mettre la main sur des étrons touristiques — vestiges de l'après-midi. Enfin, les avatars s'espacèrent. Juste comme il venait de reprendre la station verticale, il heurta un corps et tomba à la renverse. C'était Eugène. Le colosse venait de retrouver ses esprits. Chapeau gratta une allumette. Ils se considérèrent avec abrutissement.

— C'est vous, m'sieur Chapeau ?
— Qu'est-ce que vous foutez là, vous !
— Ben, je croyais trouver vot' femme et j'ai mis la main sur un être... du sexe masculin... C'était pas vous au moins ?

L'allumette s'éteignit pour le compte. Dans le noir, cette idée saugrenue requinqua Eugène. Ça le fit exulter :

— Allez, dit-il en se marrant, c'était pas vous. Je vous aurais reconnu... C'était Peggy Spring.

Craquement d'allumette immédiat. Tronche survoltée du policier.

— Peggy Spring ?
— Peggy Spring. C'est un mec, cette gonzesse.

Chapeau sauta sur ses menus pieds.

— Où est-elle ? Bon Dieu, où est-elle ?
— Partie par là. Y a pas si longtemps. J'aurais jamais cru qu'elle était de la jaquette. Une si belle plante ! Quelle époque, je vous jure !

... Chapeau était déjà reparti comme une fusée.

Il déboucha sur la route. Il courut à la guinguette qui fermait.

— Z'avez pas vu passer une...
— Si... répondit le bistroquet. La copine à Julie-la-Fête... même qu'elle était à motocyclette... l'a mis le cap sur Paris.

— Sur Paris, hein ?
— Voui. Ça usine c' qu'elle avait sous les jambes... Vous la rattraperez sûrement pas...

Clovis recouvra son chapeau qu'il tenait entre ses mains crispées. Il aurait dû l'avoir perdu. Normalement. Il le tourna convulsivement entre ses bras tendus comme s'il s'était agi d'un volant de formule 1 et vrombit jusqu'à sa bagnole. C'était plein d'antennes là-dedans. Il diffusa rapidement un message à toutes les gendarmeries.

Il donna sa position, sa longueur d'ondes et se mit en route vers la Capitale. Avec un peu de chance, les barrages seraient établis en moins d'une demi-heure. Il fallait à tout prix que Billy soit intercepté avant d'arriver à la grande agglomération parisienne. Là-dedans, les criminels disparaissent. Ils fondent comme un cachet d'aspirine. Et après, bernique pour les rattraper.

Et bernique, pas question. Chapeau voulait Billy. Il l'aurait.

Par un hasard télépathique, par un lapsus qu'il n'analysa pas, l'inspecteur en conduisant les dents serrées s'écria :
— J'aurai ta peau, Léon !

35

Il est assez tard et même plus, quand z'arrive à la casa. Comme ze m'y attendais pas, y a personne de rentré. Chez Peggy, ze ferais mieux de dire chez Billy, bouclé. A la cave, rien. Hippo, absent. Ed, ze le trouve pas non plus. Pas chez lui. Pas sur la terrasse. Pas de trace. Pas de messaze. Chez nous, les Chapeau, c'est le désert itou.

Ze redescends dans la rue. Y fait noir, à part les lampions. Ze m'assieds sur les fesses à moi, au bord du trottoir. Et z'attends. Z'ai pas lâché la petite bouteille à truquer. Ze compte bien m'en servir sur ma grand-mère Aïeule si elle fait mine de vouloir m'emmener à Angoulême. Elle adore le cherry. Elle se pique un peu la russe. Ze vais te la truquer facile. A son âze — quatre-vingt-deux, quatre-vingt-trois, c'est pas grave et moi, ça me donnera de l'expérience.

Quand on parle de la Grand-mère Aïeule, on en voit la queue. Zuste comme ze pensais à tout ça — histoire de pas me biler pour le reste — qu'est-ce que ze vois ? Aïeule. Fraîchement sortie d'Austerlitz. Galurin noir, indécrotable sous les zans, avec une valise en osier à la main. Sur le ziron, sa brosse en diamants qui me plaît tellement bien.

— Julie-Berthe, qu'est-ce que tu fais sur le trottoir à une heure pareille ? En voilà des manières !

— Ze prends le frais et ze t'emmerde !

Y faut tout de suite frapper fort. Surtout sur les vieilles peaux. Elle fait Oh. Elle pose son panier de l'entre-deux-guerres.

A ce moment-là, qu'était pas fait pour durer à mon avantaze, il se passe des choses extasiantes. Ze suis vraiment bénie Oui-Ouis — c'est mes Dieux, comme on sait.

Une grosse moto avec un phare aveuglant stoppe devant nous et nous zéclabousse de bruit.

C'est Billy! Il a revêtu sa combinaison de cuir. Exactement comme dans l'histoire. Ze suis pas dépaysée pour un sou.

GLAMBADA! Il a pas besoin de me faire un croquis! Pas besoin de me tendre la main! Tout de suite ze suis zen selle. Enlevée! Ze suis z'enlevée! C'est la zoie, c'est le pied! Ze me cramponne. Sa massine, elle m'aspire vers l'arrière. Aïeule est restée sur le tas. Elle a pas fait gloup. Au bout de la rue, on est à folle allure, mon cousin. VRUM, VRRRUMMM! On se cousse et on débousse sur la place.

Là, y a la fête du 14 zuillet qui bat la mesure. 1, 2, 3, la valse. Des lampions, du populo. Des p'tits prolos, des gros zulots. Qu'est-ce qu'il va vite, Billy! Et comme ça fait tonnerre, on peut pas se parler. Ze voudrais bien des nouvelles pourtant. Crime y es-tu? Ma Zulie y en a pu?

Z'ai pas le temps de demander, pas le temps de faire truc. D'un seul coup, y a des zendarmes plein la rue devant nous. Ze me pensse. Ze vois une barrière avec des dents. Y font des signes avec des lampes. Y z'ont des zarmes. Billy se courbe, y rentre les zépaules. Moi itou. Il assélère. Les zendarmes s'écartent. Z'ai l'impression que la moto va racler le caniveau. C'est chouette. C'est très chouette. Ça hurle. Le moteur et les voix. Ze sais pas, un mélanze. Et puis derrière nous, ça fait Tatata-tatata, zuste comme on rentre de nouveau dans la nuit qui protèze. Z'entends Miaou, miaou. Et Zzzzin-Zzzzin ouououh et puis, soudain, ze reçois un coup de marteau dans le dos. Fort. Un coup fort, mon cousin. Ze deviens en bois. Raide. Ze sens plus si mes mains tiennent Billy ou si ze l'ai lâssé. Ze vois le sol qui fait des raies et le bord du trottoir qui ondule. Un trait, un point, un trait, un gros point. Et ze tombe. Z'entends encore dez zens qui hurlent, qui font oh, qui se lèvent. Ze continue à faire des cabrioles. Ze vois une affisse sur un mur qui se rapprosse de moi. Ze continue ma dégoulinade. L'affisse dit : biscuits Brun, Pâtes la Lune, biscuits Brun, Pâtes la Lune, et biscuit pour finir. Au dernier moment des cyclistes s'écartent pour me laisser passer. Encore un mot qui gargouille dans ma bousse. Blouc, blouc, blouc.

Et ze dis truc.

Un mot qui veut tout dire. Un mot qui veut dire maman si on veut. Derrière, c'est le noir. Derrière, ça vaut pas le coup. Y a rien. Truc.

*

Billy savait qu'il était perdu.

Il savait que maintenant, il conduisait vers la mort. Il évita de justesse un nouveau barrage. Toutes les routes d'accès à la Cité semblaient bloquées par les flics. Il avait un moment pensé qu'il aurait pu monnayer la petite fille contre sa liberté. Maintenant, il ne lui restait rien. Rien pour défendre sa vie. A part sa carabine. La Buffalo-Stand sommeillait au fond de son étui.

Il obliqua dans un terrain vague. Il s'arrêta. Des dizaines de phares en un long convoi convergeaient vers lui. Les C. R. S. C'était assez beau à regarder. Lui dans le noir. Les achélèmes impassibles, illuminés par la Fête, et les assiégeants qui tournaient autour de la plate-forme où il se trouvait. Il descendit de sa machine et entreprit de monter sa carabine. Pendant ce temps, les camions stoppèrent — puis, manœuvrant avec ensemble — ils tournèrent tous le nez vers le noman's land où se trouvait Billy et allumèrent leurs phares.

Il se coucha à terre.

Avec sa combinaison noire, il était invisible. Il entendait gueuler les chefs. Il entendit clairement les hommes sauter des véhicules et se grouper. Il se mit à ramper. Il atteignit de la sorte un muret à demi détruit. Il se trouvait dans une espèce de potager parsemé de ruines. C'étaient les restes du pavillon d'Alcide. Mais il n'en savait rien.

Courbé en deux, il courut jusqu'à un pan de mur plus élevé et chargea sa carabine. Il pensa qu'il ne voulait pas mourir dans l'état où il était. Il entreprit donc de se démaquiller, à l'aveuglette, en écoutant la course des godillos cloutés, en notant le bruit des casques qui battaient sur le fût des armes. Il commença par les faux cils et jeta en ricanant son soutien-gorge aux orties.

Les rumeurs de la kermesse parvenaient jusqu'à lui. Il avait toujours détesté l'accordéon.

*

Marcel, le petit Marcel, un dieu du musette entre Lauzerte et Saint-Pantaléon, enfla son chromatique et les Montcuquois prirent aussitôt du bonheur à trois temps. Un pour le cavalier qui lançait sa pouliche, un pour la partenaire dont la queue de cheval et la jambe volaient vers l'arrière et le dernier pour le gars qui reprenait son attelage bien en main. Et ainsi de suite : la valse.

Bellanger, les bras en lasso, nœud-coula Gabrielle. Elle portait un soutien noir sous une blouse blanche. Coty et Odorono rivalisaient d'effluves. Charles transpirait à l'endroit, Gabrielle à l'envers. Ils dansèrent jusqu'à ne plus faire qu'une odeur.

— N'avez-vous pas soif ? demanda le commissaire essoufflé.

— Si fait. J'ai tout préparé à la maison avant de partir : les petits verres de ma pauvre grand-mère et l'eau de noix à côté.

— C'est la première fois que vous me faites entrer chez vous, Gabrielle.

La veuve Montauzin pivoina sous son casque de lourds cheveux.

— ... Vous verrez, j'ai tout repeint, j'espère que vous vous plairez.

Ils traversèrent la place à arcades et entrèrent dans une maison assez majestueuse qui sentait bon la cire.

— Je mets les patins ? demanda Bellanger en avisant les carrés de feutre disposés en double file dans l'entrée rutilante.

— Non pas ! se défendit la belle génaire, aujourd'hui n'est pas comme d'habitude ! Mettez-vous à votre aise !

Elle sortit le pastis, sorte de gâteau réservé aux grandes occasions. La pâte feuilletée en était arachnéenne :

— On l'étire d'abord sur la table, après sur les chaises... toute la pièce en est remplie... expliqua-t-elle, soudain volubile.

On sirota à petites lampées. On mâchouilla du

bout des dents. On s'arrêta. Il y avait des pans d'ombre. Puis vint le lourd silence.

Ils furent tirés d'épaisseur par un coup de clochette.

C'était le petit du facteur. Il était en nage. Il avait bicycletté partout. C'était un télégramme.

— Pour vous, monsieur le commissaire !

Le petit s'en alla en louchant sur les miettes du gâteau.

Prétextant le froid et l'humidité des plâtres, Gabrielle se serra dans un châle noir qu'elle jeta comme une barrière sur sa poitrine blanche. Elle se tenait recroquevillée, fermée et pâle, comme une veuve, comme une quelqu'une qui aurait perdu son mari pour la deuxième fois.

— Je n'aime pas les télégrammes, trouva-t-elle la force de dire.

Elle passa dans sa chambre en frissonnant. Par discrétion. Bellanger resta seul avec ce papier bleu. Il n'osait pas l'ouvrir. Il rejoignit Gabrielle dans la pénombre. Elle le vit venir. Il avait l'air d'un fantôme. Elle s'assit sur le lit. Il se laissa tomber auprès d'elle. Il respira son odeur fade. Il plongea son regard dans le sien. Il y lisait une exigence lourde de femelle longuement privée. Elle poussa un bref soupir, presque un cri de gorge et le renversant sur le lit l'embrassa longuement. Il sentit immédiatement le contact irritant de son système pileux fraîchement débroussaillé. Il se dégagea avec force. Il y eut un nouveau silence. Puis la femme se mit à pleurer longuement dans le noir.

— Tu ne m'aimes pas ! Tu ne m'aimes pas ! répétait-elle, hors d'elle-même.

Il aurait voulu dire que si. Il avait fait fuir ses

mains maladroites loin de lui. Elles couraient comme deux crabes blessés sur la courtepointe blanche tout ajourée de rosaces. Elles prenaient des poses agonisantes et la patte annulaire du crabe de gauche s'était réfugiée dans un trou. Terrée dans la dentelle, elle semblait sectionnée au ras de la paume par la tache bleue du télégramme. Dehors, les pétards et le feu d'artifice se déclenchèrent, environnés de cris.

— Avec tout ce bruit, on n'aurait pas pu, dit Gabrielle Montauzin au bout du compte.

— Oui, avec tout ce bruit, on n'aurait pas pu, finit par répéter Charles.

Il ouvrit le télégramme.

— Si tu veux, on va ressortir, dit la veuve. Je veux m'amuser. Danser encore.

— Non, murmura Bellanger. Je prends le premier train que je peux trouver. Michel va mourir. « Ils » me l'ont matraqué.

36

C. D. V. Chapeau immobilisa sa 504 tout près de la jeep du capitaine de Gendarmerie. Il enchaîna brillamment un saut souple hors de son véhicule avec le craccc du frein à main. Il grimpa sur une pierre opportune pour paraître plus grand, toisa le militaire et déclina son identité.

Désormais, il lui importait de reprendre les choses par la bride. Clovis n'aurait pas changé sa place, fût-ce contre un boulet de ce que l'on sait.

Il voulait que tout repose sur ses frêles épaules, qu'on lui file les manettes, qu'on lui laisse piloter pleins gaz la capture de Billy. Il souhaitait aussi que cet épisode de sa vie policière entre dans la légende. Il constitua un état-major avec autorité.

Il téléphona au Juge d'Instruction, se faisant donner les pleins pouvoirs. Il fit bigophoner itou un de ses flics à la grande presse. Il avait suffi à cet homme bleu marine de quelques phrases bien senties pour déclencher le grand jeu :

— Allô ? Paris-Mâche ? On tient Billy-Ze-Kick.

A la pensée d'un fort Chabrol en pleine pétarade du 14 juillet, les journalistes réagirent sec. En plus de cela, à 30 bornes de Paris, on était vite rendu sur place. Pas de défraiements, pas de découchers à payer, une aubaine pour les rédactions. Ajoutez le contexte d'une cité achélème. Bref, c'était du nanan.

La télé envoya deux cars vidéo. Si on pouvait diffuser l'événement en direct — ça ferait quand même une chouette diversion. Avec en toile de fond les crises monétaires, la réévaluation du mark, les tohus, les bohus du dollar et l'agitation sociale — voilà une excellente voie de garage pour ensabler l'opinion publique.

Le Ministre de l'Intérieur, contacté subrepticement par les R. G., frotta l'une contre l'autre ses menottes devant sa poire melba.

Chapeau se trouva en somme rapidement à la tête d'un immense plateau de télé. Il allait, en direct, et devant un immense public, procéder à l'arrestation spectaculaire qui replâtrerait le prestige de la police, sérieusement émietté dans l'esprit du Français moyen.

Il y avait eu, la veille, une sale affaire.

Une échauffourée pas très digne. Voilà-t-il pas qu'une Ligue d'Extrême Droite avait tenu métinge à la Mutualité. Entendons-nous bien sur le métinge. Un dégueugueu. Faschiste, quoi. Halte à l'immigration sauvage des travailleurs étrangers ! On leur avait délivré illico toutes les autorisations nécessaires.

Alors les Gauchistes avaient réagi. Natürlich, c'est bien ce que souhaitait tout un chacun. Du coup, la police avait chargé les « contre-manifestants » de gauche. Et protégé les faschos. Bravo, bravo, bravo !

C'est comme ça que le fils Bellanger, Michel de son prénom, avait morflé. Disloqué, estropié, bientôt crevé, le fils du commissaire. Gauchiste. Y fallait pas y aller.

Bellanger dans le Capitole de nuit retournait tout cela dans sa tête. Il n'était pas tout à fait sûr d'avoir choisi le bon côté de la barricade.

*

William Woolf avait soif.

Il rampa sur quatre ou cinq mètres et trouva par hasard un tourniquet de jardin monté sur un trépied et qui devait servir à l'arrosage des couches. Il suivit le tuyau et remonta jusqu'au robinet. Il essaya de dévisser l'intermédiaire et n'y parvint pas. Complètement rouillé. Il ouvrit le robinet et entendit l'eau courir dans le caoutchouc. Le tourniquet se mit à tourner à une vingtaine de mètres de là. Une buée fraîche lui parvint à chaque tour que faisait l'appareil.

Il rampa à nouveau en sens inverse et, délicatement trempé, parvint jusqu'au tourniquet. Il eut du mal à le bloquer. Il porta avidement sa bouche jusqu'à la source jaillissante. Il avala de longues goulées. Il avait du mal à briser le jet. L'eau déferlait, glacée, au fond de son palais.

Soudain, des grappes de projecteurs s'allumèrent. Puissantes, aveuglantes. En se jetant au sol, il libéra le tourniquet qui reprit sa valse. L'eau éclairée violemment était blanche.

Des voix rebondirent contre le mur du pavillon éventré, qui, comme un fronton de pelote basque, renvoyait le son curieusement amplifié.

— Il est là ! Il est là !
— Là !
— Où ?
— Là-bas, regardez !

Seulement à ce moment, William Woolf entendit la Rumeur. Le roulement des voix. En soulevant doucement la tête, il vit la Foule à contre-jour. Elle était venue pour la curée : 300, 500 personnes attirées par l'idée du sang. Peut-être davantage. Et qui grondaient.

Il se retourna. D'un regard circulaire, il établit qu'il était au milieu d'un vaste quadrilatère matérialisé par des lampes. Comme au centre d'une arène. Comme sur la sciure d'une piste de cirque.

Il ressentit dans l'ordre : son cœur qui cognait contre l'arceau de ses côtes, l'eau du tourniquet qui le mouillait, l'envie de boire qui ne l'avait pas quitté. Boire. D'abord boire.

Il se rua sur l'appareil. Il le bloqua. Il avala l'eau jusqu'à en déborder. Comme un animal.

Pendant ce temps la voix de Chapeau (il la

reconnaissait) lui parvint déformée par un mégaphone :

— Billy-ze-Kick. Rendez-vous ! rendez-vous ! Vous êtes cerné. C'est fini ! Levez-vous sur place ! levez-vous sur place !

Il buvait.

— Mettez les mains sur votre tête !

Il buvait.

— Avancez lentement dans ma direction !

Il n'avait plus soif.

Il se rejeta à terre. Il courut en se baissant. Il récupéra sa carabine qu'il avait abandonnée près du robinet. Il reprit sa progression rapide. En zigzaguant. Il entra à couvert dans les ruines du pavillon. Il s'abrita derrière le fronton.

Un phare mobile se mit à fouiller le terrain cahotique. La lumière frisante aggravait les bosses. Il vit passer le faisceau au-dessus de lui. Puis, comme la lampe revenait sur ses pas, il épaula et tira.

Le projecteur s'éteignit. Il y eut un silence et aussitôt après, une grêle de balles en provenance d'une arme automatique, miaula sur les pierres. Il se rencogna dans son trou.

Il était devenu étrangement calme. La foule s'était tue. Il y avait des étoiles. Au loin, la Fête continuait. Il lui sembla même percevoir le bruit des autos tamponneuses. A quelques pas de lui, le tourniquet d'Alcide rafraîchissait la terre.

C'était une douce nuit d'été.

37

Hippo regardait danser les gens.

La nuit et les lampions simplifiaient leurs visages. Associés l'une aux autres, ils sculptaient des masques rieurs ou fatigués. Les couples dépensaient leur sueur, les heures de leur sommeil, de litres d'oxygène et d'urine à exprimer la joie.

Les chiens qu'on n'avait pas attachés pour garder les maisons, marchaient sans comprendre au milieu des serpentins. Les vieillards faisaient trois petits tours de valse et retombaient sur leurs chaises cannées.

L'accordéon et les pétards se tenaient par la taille. Dans les corbeilles d'ombre, les gars dressaient les filles contre les tilleuls. Ils grimpaient à l'échelle de leurs bas. On s'animait vite au coin des rues.

Hippo n'appartenait à rien.

Ni à la Fête, ni à la Société. Demain, il n'irait pas au travail. Il ne roulerait pas vers une usine. Il ne participerait pas au trois huit des cyclistes. Il ne lèverait pas le rideau sur une boutique. Il ne recevrait personne derrière un bureau.

Il était hors.

Il visita trois bals. Il arriva sur une place immense. La morphologie des façades, dénaturée par les ampoules de couleurs, l'empêcha de reconnaître le carrefour. Il y avait une terrasse et des fleurs. Un car de Police stationnait le long d'un café. Une ambulance girouettait sa lumière à deux faces. Il y avait des badauds tout autour.

L'attroupement tournait le dos à un gendarme. Il réglait la circulation en trillant du sifflet.

Hippo hâta le pas.

Il sentait bien qu'il devait fendre la foule. Que cela le concernait. Qu'il lui fallait arriver au premier rang. Les difficultés allaient en grandissant. Hippo écartait les hanches, prenait les coudes, poussait les épaules. Ses lunettes glissaient sur son nez.

Il fendit le premier rang des spectateurs par surprise. Il y avait une flaque de lumière sur le devant de la scène.

Un gendarme en tenue d'été, avec un mètre pliant, prenait des mesures par terre. Il avait dessiné à la craie une silhouette sur l'asphalte. C'était le décalque d'un petit être. On aurait juré que le cogne avait pris pour patron une poupée de bazar. Qu'il s'était ingénié à faire naïf. Par un raffinement de détail, il avait préservé le contour de la tête avec réalisme. Le modèle avait des nattes, ça ne faisait pas de doute.

Hippo sentit l'air gargouiller dans son estomac. Il faisait chaud à mourir. A la terrasse du bistrot, les gens les mieux placés étaient restés assis. Ils agitaient leurs glaçons dans leurs pernods en regardant faire les acteurs.

— J'ai tout vu d'où j'étais, vous pensez! dit avec supériorité une grosse dame à capeline... C'était affreux! Affreux! je vous jure! ajouta-t-elle, sûre de l'effet qu'elle produisait sur ses voisins immédiats.

Hippo regarda à nouveau la silhouette sur le

sol. Les bras étaient en croix. Les jambes, curieusement, se chevauchaient. Il y avait du sang qui rigolait en direction du caniveau. Là, il caillait — emprisonnant des papillotes de couleur acide. Celles qui servent à sertir les bonbons, les sucettes, les caramels mous.

Le gendarme se releva avec effort.

Il avait l'air en deuil. Il porta sa main à ses reins. Il dit quelque chose à son collègue à propos de son nerf chiatique et de l'ex-Indochine. Ils piétinèrent sur place dans leurs godillots — bien embêtés — ça se voyait sur leurs moustaches tombantes.

Une petite Dame en noir poussa Hippo sans ménagement. Elle avait une voilette. Une broche en diamants l'ornait. Elle était habillée comme pour un enterrement. Elle portait une mallette en osier. Il crut la reconnaître quand elle glapit d'une voix exigeante :

— Un téléphone ! Qu'on m'indique où je peux trouver un téléphone ! Il faut que j'appelle Angoulême !

Le garçon de café la dirigea sur l'arrière-salle :

— Droit d'vant vous, madame, et au bout du billard à gauche !

Fier du laconisme de son explication, le garçon ressortit sur la terrasse. Un air de contentement de soi-même épatait son nez. Il se pencha sur le bord du trottoir. Il s'était muni d'un seau où flottait la forme indécise d'une serpillière. Il se tenait prêt à effacer le sang et à recommencer.

Deux infirmiers sortirent de l'ombre d'un porche. Ils portaient une civière. Les badauds se penchèrent. Hippo enfonça ses lunettes au fond de son nez. Il venait de reconnaître Julie-Berthe.

On avait jeté une couverture sur son corps. Elle était blanche comme un sucre.

— La voilà, la Pôvre ! sanglota la dame à capeline.

Et quand même, elle se leva.

Hippo se précipita. Il se courba sur le visage de la petite fille. Elle ouvrit les yeux, les yeux de porcelaine. Elle le reconnut. Elle dit faiblement :

— Ze suis truquée, Hippo. C'était un trop gros coup de marteau...

Elle était calme, ou faible. Elle murmura encore :

— Ze vais grimper sur l'Arbre. Il faut que tu viennes vite. Ze t'attends. Avant il faut que tu fasses tout ce que tu m'as promis de faire. Pour l'arbre, viens vite... viens même si z'ai été messante et gourmande et négoïste. Et tout, et tout.

Il y eut une bousculade.

La petite dame en noir venait de surgir à nouveau. Elle prit la main de la fillette comme si elle lui appartenait. Elle ne la lâchait plus. Une grosse larme perlait au coin de ses yeux.

— Grand-mère Aïeule, tu es là... Ze veux pas aller à Angoulême... ze veux pas aller à Angoulême... Si tu m'emmènes, ze crierai... ze mettrai du poison dans ton bain... ze te truquerai... ze veux pas n'y aller...

Toutes ces phrases furent emportées dans l'ambulance. La foule se referma. Les gens se regardaient. Plus rien à gober. On aurait dit des poissons privés d'un ver de vase.

Hippo reçut le baquet d'eau du garçon de café sur les chevilles. Il regarda entre ses pieds, le ruisseau rose faire son chemin vers l'égout et se mit à pleurer.

Un con cria quelque part :
— Et que la fête continue !

Un cordon s'enflamma, libérant un chapelet de pétards coléreux comme une diarrhée. Un fou rire partit de la terrasse du café. Les voitures, ankylosées par l'attente, s'ébranlèrent en klaxonnant. Une main anonyme monta le volume de la sono.

Yvette Horner prit son élan et entama « Perle de Cristal ».

*

Il était deux heures du matin.

Mme Achère fut vraiment surprise quand la porte à glissière de l'ascenseur s'ouvrit. Elle était assise sur le strapontin. Elle terminait le chapitre le plus croustillant de sa carrière. Un condensé de la soirée. Elle avait taillé son crayon quelques instants auparavant. Elle avait encore des copeaux sur les genoux.

Eugène restait planté là, oscillant de la pointe des pieds à l'extrémité des talons et retour. Il tenait un faisan tout plumé à la main. Il était rond comme une bille.

— Où est mon gamin ? éructa-t-il.
— Vous êtes en état de soûlographie, Eugène.
— J'ai mes faiblesses, Achère. J'ai mes faiblesses.
— Les colosses sont en argile, j'en étais sûre, dit Saloperie d'Achère qui se requinquait vite.
— Où est Edouard ? Sans lui, je suis paumé. C'est mon talon, ce gosse...
— C'est aussi un petit salopard ! Un voleur !

Un guette-au-trou des personnes du Sexe et d'un certain âge !

— Expliquez-vous, bourrique. Expliquez-vous, ou je vous pends par les pouces !

Il l'aurait fait, Eugène. Clémentine s'affola :

— Il a fait des conneries. Je le jure ! Je l'ai vu. D'ailleurs, tout est écrit là !

Elle désignait la paroi de l'ascenseur, noire de majuscules comme un panneau électoral.

Eugène se pencha pour déchiffrer les jambages. Il était en pyjama. Ces pantalons-là ne sont pas hermétiques-hermétiques. Saloperie d'Achère regarda malgré elle par la fente qu'arrêtait mal un élastique.

C'était plus impressionnant que tout ce qu'elle avait imaginé.

Eugène se redressa.

Il posa son volatile sur le strapontin. Ivre de rage aveugle, il se paya le luxe de ne rien lui cacher.

— Et maintenant, rendez-moi mon moufflet ! postillonna le soûlographe.

*

Paris était désert.

Bellanger trouva sans mal un taxi. Il donna l'adresse de l'hôpital. Il n'avait pas cessé de penser à Michel. Il se reprochait de l'avoir trop souvent laissé à lui-même.

Le chauffeur était un homme rond à la nuque épaisse et bronzée striée de trois plis profonds. Sa radio marchait à tout bersingue. Bellanger était sur le point de lui demander d'en baisser l'intensité quand l'indicatif d'Europe N° 1 annonça un flash spécial.

— Allô, Europe ? Le studio ? Vous m'entendez ? crachouilla une voix en pointillés.

— Je vous entends, Georges. Je vous entends...

— Nous intervenons, puisqu'il y a du nouveau ici...

— Bien sûr ! Bien sûr ! Vous avez la faculté d'intervenir aussi souvent et aussi longtemps que vous jugerez bon... Je vous rappelle, chers auditeurs, si vous prenez notre émission en route, que nous sommes en direct — j'insiste, en direct — depuis les lieux du drame qui se joue en ce moment même à une trentaine de kilomètres de Paris, dans une cité de H.L.M... nous assistons, vous assistez, vous vivez en direct avec nous et grâce à nos envoyés spéciaux — l'étonnante partie que jouent les forces de l'Ordre — sous la direction de l'Officier de Police Roger Chapeau — contre ce criminel, qui, depuis quarante-huit heures a frappé par trois fois de très jeunes femmes dans cette cité-dortoir qu'est la Cité des Oiseaux. J'ai nommé Billy-ze-Kick.

« Qui est celui qui se masque derrière ce dérisoire pseudonyme — sorti tout droit de la panoplie du Western pour enfants ? Est-ce un fou ? Etranges crimes, en vérité, que les siens. Meurtres de désaxé ? Délire sexuel ? Il sera temps d'épiloguer, de répondre à toutes ces questions que vous vous posez, quand l'affaire sera dénouée. Pour le moment, nous sommes plongés dans l'action, dans la tension — la crispante et énervante attente qui précède le dénouement... Nous retournons donc avec notre envoyé spécial Georges Lebrun et son équipe qui vous font vivre minute après minute les péripéties de ce drame... Allô, Georges ? Allô, Georges, vous m'entendez ? — à vous !...

— Eh bien, oui, Paul... (blouc blouc crrrac buzzzz)... vous avez parlé de tension (Bzzzutttt Ziiiii-ooooou), d'énervement (Whaouooo piouuuuuu haha crac crac)... et vous avez raison. Allô, vous m'entendez ? (Blouc crac Huuuuu.)

— Je vous entends, je vous entends très bien...

— Bien, parce qu'ici nous n'avons pas de retour... Donc, ici — c'est la Nuit dernière nous et c'est aussi la Fête du 14 juillet qui bat son plein. C'est la foule gaie et indifférente des petites gens qui dansent, qui chantent, qui rient. Ici, on s'amuse. On prend du bon temps, on valse à la lueur des lampions traditionnels. Mais, de temps en temps, un peu comme aux vingt-quatre heures du Mans si vous voulez, ces couples — ces jeunes et ces moins jeunes — viennent près de nous faire « un tour de Billy ». C'est l'expression qu'ils emploient... En clair, ils viennent aux nouvelles... En effet, au fil des heures qui s'étirent — un étrange suspens — le mot n'est pas trop fort — déroule son écheveau. De temps en temps, le meurtrier qui se déplace sans cesse sous le couvert des ruines du pavillon Prébois — tire une ou plusieurs balles dans notre direction. Il est excessivement précis. Il a blessé, je vous le rappelle, deux agents en début de nuit. Les forces de Police ont riposté à plusieurs reprises. Ici, deux thèses sont en présence : la première, soutenue par le Capitaine de Gendarmerie Morlong, est en faveur d'un assaut brutal. Des équipes spécialisées sont arrivées — équipées pour ce genre de baroud. Gilets pare-balles, casques. On lit sur le visage de ces hommes une énergie à toute épreuve. On attend aussi des tireurs d'élite. La deuxième thèse, la plus populaire, la plus séduisante — la plus humaine aussi — est celle que soutient l'Inspecteur Chapeau. Cet homme courageux s'est en effet proposé pour affronter seul le forcené. Sous des dehors timides, il se cache derrière le visage grave de ce policier tenace un caractère bien trempé. Roger Chapeau, à trente-huit ans, est un peu un modèle du policier. Un exemple. Je vous rappelle que c'est lui qui, depuis quarante-huit heures, a talonné l'assassin. Il fait de sa capture une affaire personnelle... On dit, de source bien informée, que Roger Chapeau, pourrait dans le courant de la nuit essayer de marcher au-devant de Billy — à découvert — et de le raisonner... De toute manière, bien sûr, je vous rappellerai dès qu'il y aura du nouveau...

Bellanger resta muet. Il n'entendit même pas le chauffeur de taxi qui disait :

— Quel bings! Remarquez, ça distrait. Pour nous, quand y a un truc comme ça, les heures paraissent moins longues. Bon, ben vous v'la arrivé. Hôtel-Dieu! Tout le monde y descend! Tout le monde il est content!

La DS s'immobilisa le long du trottoir.

— 10,80, dit le chauffeur sans se retourner.

Comme il n'avait pas de réponse, il tendit sa grosse patte vers l'arrière.

— 10,80 sans le pourboire, nuança-t-il.

Comme l'argent n'arrivait pas à destination :

— 15 francs en arrondissant, escalada-t-il en se retournant vers le provincial client.

Il vit alors — ô surprise, une plaque de flic qui scintillait sous ses yeux. Bellanger avait l'air hagard.

— Merde! dit le chauffeur... vous êtes de la Maison Chose! J'aurais pas cru parce que vous aviez pas trop l'air!

— Je vous réquisitionne! A la Cité des oiseaux! Et vite fait! Brûlez les feux!

— Vous fâchez pas... dans le fond, j' suis pas mécontent, ça m' fait une sortie. Et puis comme ça, je serai aux première loges!

Il démarra en trombe.

Au premier croisement, les feux de circulation étaient rouges. Il interrogea pour la forme :

— Alors ? Je brûle ?

Et il brûla.

38

Chapeau arpenta subrepticissimo jusqu'à sa voiture. Il sortit les talonnettes de dessous son siège. Il les glissa dans ses chaussures. Grandi de six centimètres, il revint dans le cercle de lumière. Il prit l'air officiel. Par flic interposé, il fit savoir aux journalistes qu'il allait faire une brève déclaration. Bousculade sublime à ses pieds (il était monté sur le capot d'un half-track). Il pensa à Humphrey Bogart — à ses yeux charbonneux, à sa tête de mort, à son clop et à son feutre — et leur dit d'une voix rauque et concentrée :

— Je pense honnêtement que je suis le seul à pouvoir lui parler. Je ne suis pas un héros. Mais je vais me rendre auprès du forcené et je vais essayer de le raisonner... (Rejet du feutre en arrière. Allumage du clop éteint avec la cigarette du voisin. Prendre la cibiche en question d'autorité sans rien demander, allumer sa propre cigarette, rendre l'autre sans regarder l'interlocuteur — autant de gestes soigneusement répétés qui prenaient enfin leur sens.)

« ... Comme vous le savez, mesdames messieurs, j'ai une raison supplémentaire de réussir. Ma propre fille, âgée de sept ans, a été blessée par balle alors que Billy essayait de l'enlever. J'ai besoin de parler à cet homme. Voilà, c'est tout. Les mots n'ont pas de sens. Je ne veux pas que le sang continue à couler. Je vais tenter le tout pour le tout. Je vous fais mes témoins...

Les flashes crépitèrent. Il se cambra. Il présenta son meilleur profil. Il sauta à bas du véhicule. Il resserra sa ceinture. Il avait tout oublié : son rhume, son infortune, sa taille. Il regarda s'allumer les projecteurs. Il vit les cameramen coiffer leurs écouteurs. Il entendit les commentateurs demander l'antenne. Il pouvait y aller. Le revolver d'une main, son mégaphone de l'autre, il commença comme un équilibriste sa marche périlleuse vers le centre de la piste.

Citons au passage Georges Lebrun :

« — Chers auditeurs, ici un grand silence s'est abattu sur les hommes. L'Inspecteur Chapeau fait penser à ces funambules qui traversent le chapiteau à des hauteurs vertigineuses... Il rentre dans la zone d'ombre, les bras légèrement écartés du corps, fragile, vulnérable... »

Billy Woolf suivait l'avance du petit policier. En même temps, il se déplaçait insensiblement vers le cœur du pavillon qui était intact. Il avait lui aussi un peu l'impression d'être au cinoche. D'être dédoublé.

Il n'osait pas tirer. Encore que ça aurait été facile. Il fit pour se le prouver une croix avec sa lunette télescopique sur la silhouette du flic. S'il tuait le fantoche, les autres allaient donner l'assaut. Son doigt était sur la détente. Ce geste qui pouvait tout précipiter lui fit presque peur. La gâchette était sensible. Un faux mouvement et le coup partirait. Il recula son index. Il l'appuya sur le pontet de la Buffalo. Dans le télescope, Chapeau grandissait.

Clovis s'immobilisa.

Son rhume, à l'improviste, le congestionnait. Il éternua plusieurs fois. Incapable de se retenir. C'était complètement anti-dramatique. Anti-climax. D'autant qu'il ne savait pas éternuer doucement. Il gomma cette mauvaise impression en brandissant le mégaphone :

— Billy !

Sa voix tonitruait.

— Billy ! C'est moi, Chapeau ! Je viens à vous. Je veux vous parler. Juste vous parler... Je suis sans armes. Excepté ce revolver... Voyez ! voyez, je le jette !

Il se dit qu'avec ce geste public, cette preuve de son audace, de son courage, c'est au moins la Légion d'Honneur qu'il venait de gagner. Finie la corde raide. Il repartit d'un bon pas. Celui du dompteur qui entre dans la cage. La pensée des caméras qui ronronnaient, des millions de téléspectateurs qui suivaient le gala à I. N. F. Dernière, le soutenait. Il se sentait grandir à vue d'œil. Il s'avançait.

Billy se replia. Il descendit une volée de marches qui conduisaient à l'entrée d'une cave. Il se tapit sur la dernière marche. Il entendait maintenant les pierres rouler sous les pieds de l'inspecteur.

Clovis s'avançait. Son nez coulait.

Billy recula encore un peu, tâtant du creux des reins la porte de la cave derrière lui. Elle était entrebâillée. Il s'y engagea à reculons. Il entendit clairement Chapeau qui descendait l'amorce des escaliers.

Clovis, dans le noir foutrement épais, renifla.

C'est à ce moment-là que le commissaire Bellanger arriva sur les lieux. Il sauta du taxi. Il montra sa plaque. Il se glissa jusqu'au premier rang.

— Chapeau ? demanda-t-il au Capitaine.

— Là-bas ! montra le gendarme qui dardait des jumelles.

Et il haussa les épaules.

— Quel con ! dit Bellanger en essuyant ses lunettes.

— Un héros, vous voulez dire ! glapit une bonne femme à sa droite et elle se présenta d'une voix de tête :

— Nathalie Bec du Libéré. Et toc !

Clovis comme le Franc posa son mégaphone.

Il lui semblait qu'il pesait une tonne. Il sortit son mouchoir et soulagea ses fosses nasales. Il éclaircit sa voix et fut étonné de s'entendre chuchoter un nom de femme :

— Peggy ? Peggy ? vous êtes là ?

William, à quelques pas de lui, fit une drôle de grimace. Il recula davantage, pénétrant dans l'étroit boyau de la cave.

— Allons, Peggy, ne faites pas l'idiote... dit encore Virgile comme le poète, et il frissonna, seul dans le noir. Il descendit encore deux marches. Billy recula tout à fait. Avec un peu de chance, il se dit qu'il pourrait ceinturer Chapeau et s'en servir comme d'un otage.

Désiré par son père chuchota à nouveau :

— Peggy — enfin, Billy — si tu te laisses capturer, il y aura des circonstances...

Les circonstances sont les circonstances. Il était dit que celles-ci ne seraient qu'aggravantes. Billy, en reculant, bascula sur un fil tendu en travers de la voûte.

La terre, immédiatement, sembla s'ouvrir sous la poussée d'un titanesque volcan. Une éruption de caillasses, de briques, de bouteilles de beaujolais, de caisses de munitions et de vieux tonneaux d'eau-de-vie se mit en route du bas vers le haut. Le souffle de l'explosion fit reculer la foule. Le ciel devint rouge. Tout sembla se désintégrer. Les cameramen, par réflexe professionnel, redressèrent le cadrage. Adieu Billy, Adieu Clovis et Chapeau, M. Chapeau.

Le troisième piège d'Alcide Prébois venait de fonctionner. Bilan : deux morts à déplorer.

*

— Cinq!... Cinq morts, vous voulez dire... et six blessés. Enfin, si l'on additionne les victimes des autres explosions. Sans compter trois femmes assassinées, un suicidé et une petite fille qui respire à peine. Ça fait! Tout de même ça fait du monde ! soupira le brigadier-chef en prenant son service du matin au commissariat.

— Oui, admit Bellanger. Mais que voulez-vous, il faut bien partir en congé.

Et ils parlèrent de l'étalement des vacances.

EPILOGUE

En plein cœur de la Ville-Achélème, Juliette, habillée en veuve Chapeau, sortait à petits pas glissés de l'église de béton. Elle était en pleurs et serrait le bras du commissaire Bellanger.

Soudain, un coup de feu claqua, pas plus fort qu'un volet qui bat. Des pigeons s'envolèrent.

La veuve s'arrêta.

Elle parut surprise par une fatigue accablante. Elle se raidit comme une poupée et sembla se casser par le milieu. Elle roula pendant trois marches et fit halte gracieusement. Une poussée du vent rabattit son voile, tramant ainsi son beau visage. Une tache rouge s'élargit sur sa poitrine. C'était du sang. Un sang rouge et plutôt aimable à regarder.

Voyant qu'elle était morte, le commissaire Bellanger se mit à courir sans savoir exactement où il allait. Comme un canard à qui on aurait brusquement coupé le cou. Tout le cortège l'imita par peur de mourir sous les balles. Il y eut des hurlements, plusieurs chutes sans gravité, un enfant qui cria maman et des tas de gerbes de glaïeuls qui s'éparpillèrent sur le sol. Au milieu de la jonchée rouge, Juliette resta seule.

Hippo la regarda au travers de sa lunette télescopique. Il se dit que pour un jour de deuil, c'était d'une gaieté folle. Que Julie-Berthe aurait acclamé.

D'un seul coup, il lui vint à l'esprit qu'il aurait aimé par-dessus tout s'étendre sur la jeune femme et posséder son corps. Il aurait voulu pouvoir lui faire l'amour. Comme il l'avait fait une fois. Il eut la certitude qu'il se serait surpassé. Il se sentait puissant. Virilisé par son acte. Une onde chaude monta à son insu par le tuyau de son sexe.

Et déborda.

Il se secoua, tordu par un frisson.

Il redevint conscient en regardant son ombre recroquevillée sous lui. Il fallait qu'il quitte cette terrasse avant qu'on le repère. Qu'il fasse exactement ce qu'il avait prévu de faire, rien d'autre, qu'il ne perde pas la tête, qu'il ne fasse pas appel à ses sentiments, à son émotivité, à l'improvisation.

Pas seulement pour ne pas être pris. Surtout pour pouvoir recommencer. On n'attrape jamais Billy-ze-Kick. En outre, tout le monde n'a-t-il pas droit au Plaisir ?

Le commissaire Bellanger revint sur ses pas.

Il s'agenouilla devant Juliette. Elle était belle. Ses jambes prenaient le soleil. Comme pour faire une grimace à tout ce noir conventionnel, la jolie veuve portait un slip vert. Vert, comme la feuille à l'envers.

Le commissaire retira ses lunettes et les essuya. Quand il les remit, il regarda les tours achélèmes. Les immeubles lui semblèrent terriblement uniformes. Complètement inhabituels. Sourds. Indéchiffrables.

Qui avait tiré ? De quel toit ? De quelle fenêtre ?

Il se détourna vers Juliette et commença à l'examiner.

Il n'y avait personne sur la place. Excepté un petit rouquin de six ans — six ans, six ans et demi — qui galopait sur un cheval imaginaire. C'était Ed. Il chevauchait Jolly Max, un extraordinaire destrier. Il suffisait de le siffler pour le faire apparaître. Ed courait vers son Chef bien-aimé. Il avait rempli sa mission, délivré son message et personne ne l'avait vu. Le jeu allait recommencer.

Bellanger desserra les doigts de la morte. Ils étaient crispés sur un bout de billet. C'était écrit vous savez quoi car Billy-ze-Kick ne meurt jamais.

Déjà Bellanger n'y comprenait plus rien.

Rien à cent pour cent.

Saint-Félix, juillet-août 1973.

DU MÊME AUTEUR

Aux Éditions Gallimard

Dans la collection Carré noir

BILLY-ZE-KICK, *n° 202*
À BULLETINS ROUGES, *n° 339*
GROOM, *n° 400*

Impression Bussière à Saint-Amand (Cher),
le 3 octobre 1985.
Dépôt légal : octobre 1985.
Numéro d'imprimeur : 2239.
ISBN 2-07-037677-X./Imprimé en France.

36218